吉永小百合
私の生き方

NHK「プロフェッショナル 仕事の流儀」
制作班 築山卓観

講談社

高倉健さん亡きあと、小百合さんは『最後のスター』
になってしまった。
素敵な女優はたくさんいるけど、小百合さんは別格の存在。
そのプレッシャーを思うと気の毒になるけど、
小百合さんが小百合さんであり続けることは、
もはやあの人の任務だと思う。

——山田洋次

プロローグ　映画に魅せられて

俳優だけが持つ「特権」ですよね。
ほかの人になるというのは、それも極上の特権です。
それはとても幸せなことです。

自分に正直に生きる

２０１９年10月26日、ＮＨＫ『プロフェッショナル　仕事の流儀～吉永小百合スペシャル～』が放送され、吉永小百合が初めて見せた俳優としての生き方、人生への向き合い方が大きな反響を呼んだ。そして、俳優人生初の長期密着取材の詳細と「最後のスター」の軌跡を書籍として残すことになった。

番組を担当したディレクターの築山卓観《つきやまたくみ》は、書籍化に際し吉永に話を聞いた。

――吉永さんは番組のインタビューで「自分の気持ちに素直でありたい」「自分に正直でいよう」ということをおっしゃってましたけど、自分に正直に生きていらして、いかがでしたか？

吉永　難しいことはありますけど、悔いはなくなりますね。

あ、これは失敗した、これはやらなきゃよかった、これをやっておけばよかったというのはあるけど、そうやって反省はしますが、悔いるということはまずないですね。それは、自分で決めているから。自分の気持ちで選択しているから。それはとても素敵なことで、若いころにはできなかったことですね。

悔いが残るとやっぱりストレスが溜まりますし、自分の真っ当な人生が歩いていけるかどうか、という不安が出てきますよね。

――難しいこととはどんなことですか？

吉永　人を傷つけること。それは往々にしてあります。たとえば、シナリオが全部できてきて（目を通して）、ああ、これはちょっと自分がやるものではないという感じがしてお断りしたり、そんなときに、それはとてもわがままな選択だし、苦労してシナリオを書いてきた方に対してとても無礼なことかもしれない。だけど、それを引き受けてしまったら、きっと自分はうまくできないだろうと思うんですね。だから仕方がない。

——人に対して無礼だな、傷つけてしまうなということと、悔いが残るかどうかを天秤にかけるということ？

吉永　そうですね。だから以前はひたすら人を傷つけない、優しい気持ちでやっていかなきゃって思っていたんです。けれども、せっかく自分の人生を歩いているのだから、それをひとつ乗り越えないといけない——。そんなことを先輩の俳優さん、高倉健さん、渥美清さん、みなさんの考え方、生き方を拝見していて、思ったんです。

——自分はこうしたいんだけど、という気持ちを貫くというのは辛くないですか？　どうやったらいいかコツみたいなものはありますか？

吉永　私にとってベストの選択をした、と思うことですよね。それがたとえ人から見て間違った選択だったり、人を傷つけたりしても、「ベストの選択」だと思えたら、それで進む、というのが自分の道だというふうに今は考えています。もうしばらくしたら、変わるかもしれないけど（笑）。

――**結構迷いませんか？ 自分に正直に生きるって難しいと思うんですけど。**

吉永 進むべきか、撤退すべきか、というチョイスですね。そのどちらを選んだら、自分はいろいろな意味で達成感があるか、と問いかけてみて、じゃあ、GOとしたり、「これはとてもできない、やらない」としたり、そういうところで、まったく単純に考える、最近は。

樹木希林さんという仲間

――**思い描く映画俳優としての締めくくり方は？**

吉永 それは全然わからないですね。仕事を続けていて、途中でパッと出られない状況になるのか。セリフが覚えられなくなって、じゃあやめようかと決断してやめるのか。あるいはぷつんと命が終わるかもしれないし。

それがわからないから面白いというのはありますけどね。

以前は「どこでピリオドを打つか」という思いはあって、１２０本（出演作品数）という区切りがありました。でも、もう少し歩きたいと今では思っています。

それは樹木希林さんがね、亡くなったこともあるかもしれません（２０１８年9月15日没・享年75）。

彼女も自分のことをちゃんと知ってて、その年にたくさんの映画に出て、私たちにいろんなものを残して亡くなっていきました。見事ですよね。

あんなふうに私はできないですが、彼女がある時期から映画をすごく愛して、「おたがいにまた一緒にやろうね」という言葉を残して亡くなった。

それがとても心残りというか残念なんですけど、彼女のそういう思いを受け止めて、自分でどこまでできるか――本当に見当がつかないけれど、もうちょっとやろうかしらと今は思っています。

――希林さんから受け取られたものとは何だったのでしょう？

吉永　希林さんは、あれだけテレビの申し子のように、テレビの世界でやってきた人が、テレビでやっていくことの難しさを感じて、で、映画をやっていこうと思われて、今度は映画の世界にのめり込んでいった。

その姿を見ていて、とても嬉しかった、仲間だと思った。男優さんではいらっしゃるけど、なかなかそういう女優さんはいらっしゃらないから。女優さんだと映画から舞台へ移行する方がとても多い、テレビもそうだけど。だからすごく嬉しかったし、いつも希林さんの作品を観て刺激をもらっていたんですね。じゃあ、もうちょっと私はやるべきなんだと思ったんですね。

最近は、彼女との共演はほとんどなかったんですが、私の作品は全部観てくれていて。私の出演した『北の桜守』（18年、滝田洋二郎監督）のときの完成試写会が18年1月4日にあったんだけどお正月だったので、お誘いしたら悪いかと思って誘わなかったら、「いつ観られるのよ」って叱られて。それで封切後すぐ観に行ってくださった。で、彼女なりの感想を言ってくれるんです、いつもね。

――希林さんと性格は似てらっしゃったんですか？

吉永　あんなふうにスパーッと歯切れのいい言葉で批評したり、切っていくようなことは私にはできません。けれども、みんなこういう仕事をしている人って、女優といってもどこか男っぽいと思うんです。そういう部分は似てると思いますね。

――希林さんは、ほかの人が言ってくれない意見をズバッと言ってくれるのがいいとおっしゃってましたよね。それもあって親しくなられたんですか？

吉永　そうですね。奈良岡朋子さんは大先輩で、母子の役をずっとやってましたから、わりにきちっと意見を言ってくださってました。でも、同年代であれだけはっきり言ってくれる人っていませんでしたし、そんなふうに言われることが心地よかったです。それまでそういうチャンスに恵まれてなかったので。

彼女独特の言い回しというか、毒舌というか。それがとても面白いんですね。そういう見方をするのかと。ああ、なるほどと妙に納得させられる。

ほかの人になるというのは極上の特権

――吉永さんにとって映画俳優とは何でしょう?

吉永　映像の世界が好きだから、私にとっては究極の職業だと思ってるんですよね。自分が選んだわけじゃなかったんだけど、気がついたら60年もやり続けてこられたし、すごく大事な好きな仕事。

ただ、ほかの仕事が何もできないということもあるんです。20歳のときに、仕事があまりうまくいかなくて、大学で教職をとって、教師になれたらと思ったこともあったんだけど、忙しくてそれも断念せざるを得なかった。だから何も資格がない。

俳優はそんな資格は必要としないから、続けてこられた。でも好きだったから、好きになったというか、やっててどんどん好きになっている。どんなに映画の形態が変わってもね。やはり映画というもので人の心を熱くしたり、感動させたいと思うし、そういう仕事をやってるってことは、私にとって本当にかけがえのない大切なことなんですね。

――「演じる」とはどんな行為なのでしょうか？

吉永　ほかの人になる、自分を置いて、自分が向き合う人になるということです。偽りなんだけど、その人になれる、疑似体験というか。だって1回しかない人生で、いろいろな役、人生をやれる、こんな贅沢な職業はないと思う。だからやめられないということもあるかもしれない。

――その役を生きるということですか？

吉永　そうですね。生きられる場合と、全然生きてない場合もありますけども。でも、それは俳優だけが持つ「特権」ですよね。ほかの人になるというのは、それも極上の特権です。それはとても幸せなことです。だって、人生は1回ですよね。私は、どちらかといえば平凡に生きたいというほうなんだけど、いろんなシチュエーションのいろんな考えを持った人に出会って、その人になれるというのは、私たち、俳優のいちばん素晴らしいことだと感じていますね。

それとやっぱり、新しいことに対して興味を持っていきたい、いつもワクワクする心は持っていたいという気持ちがあるんです。映画の撮り方とか、カメラも変わって、映画界も変わってきてるんだけど、そこになんとか順応して、思いをしっかり込めて映画に出演していくことが、私がいちばん望んでいることだと、今感じています。

――いろんな役を演じることで人生そのものが深まりそうですね。

吉永　全然深くはないですよ、まだまだ。でも、そういうものに触れて、まったく違う考え方に出会って、「学校の先生って、こうやって自分の生きる道を選択するんだ」と思ったり……。職業だけじゃなくて、演じる役のその人の生き方、生き様というのは疑似体験する中でどんどん貯金になっていく、そういう素晴らしさがありますね。

――どういう物語に惹かれますか？　挑戦してみたい映画作りは？

吉永　やっぱりしっかりとひとりの人間、ひとりの女性が描かれているものですよね。それをやらせてもらえるということになれば、心惹かれてやるということね。だけど、かたちだけでなく、それは『最高の人生の見つけ方』（19年、犬童一心《いぬどういっしん》監督）のようなコメディでも、ひとりの女性がしっかり描かれているから、やっていてとても面白いし。シリアスなものだったら、その中でどうやって、可笑《おか》しみとか面白みを出すことができるかとか、逆の発想もできるし。

『最高の人生の見つけ方』ではとても暗いシチュエーションで、我慢してきた人がひとつのきっかけで、もう一度人生をしっかりと面白がって生きてみようと考えたわけですよね。そこの部分がとても素敵でやってみたいと思ったわけなんですね。

『いのちの停車場』（21年公開予定、成島出《いずる》監督）の役だと、「天国から地獄」じゃないけれど、救命救急センターの本当にトップでやっていた人が、ある事件で自ら責任をとるかたちで「在宅医療」のほうに移っていくストーリーなんです。

すごくへこんでいたのだけど、人の命を助ける側から、送る側、ひとりの患者さんがどうやってこの人生を終わらせていくかということに立ち会うことの喜びというか、感慨みたいなものがシナリオの中に出ているんです。大変ですけど、それがあざといかたちじゃなく、自然ににじみ出るような芝居をしたい、そんなふうに思っています。

私はやはり映画が大好きで、映画が教科書だったから、自分の出演した映画が、数年後、何十年後に、若い人、世代の違う方が観て何かを感じてくれれば最高ですね。

本文構成　小泉カツミ
カバー写真　三浦憲治
ブックデザイン　鈴木成一デザイン室

吉永小百合　私の生き方／目次

第二章　スター誕生

第三章　第2の映画人生へ

第四章　吉永小百合を、生きる

エピローグ

吉永小百合　私の生き方

＊本書はＮＨＫ『プロフェッショナル　仕事の流儀〜吉永小百合スペシャル〜』
（２０１９年10月26日放送）を書籍化したものです。
そこへ新たに特別インタビュー（プロローグ・エピローグ）などを加筆いたしました。
＊年齢・肩書は放送時のものです。

第一章

「最後のスター」の素顔

初めての長期密着取材

ＮＨＫ『プロフェッショナル 仕事の流儀』は、特別な分野におけるプロフェッショナルに密着し、その仕事を徹底的に掘り下げるドキュメンタリー番組である。

２００６年1月の放送開始以来、多くの「その道のプロ」が時代の最先端で格闘する姿を見つめてきた。

番組を制作する「プロフェッショナル班」では、以前から再三オファーをくり返していたが、一度も色よい返事をもらえなかった人物がいた。

映画俳優・吉永小百合である。

１９５９年『朝を呼ぶ口笛』で銀幕デビューし、以来『キューポラのある街』『若い人』『青い山脈』『愛と死をみつめて』『動乱』『細雪《ささめゆき》』『華の乱』『長崎ぶらぶら節』『北の零年《ぜろねん》』『母と暮せば』など数々のヒット作、実に１２０本（18年当時）の映画に出演し、その多くで主演を務めた、「最後のスター」と呼ばれる人である。

吉永は、この国において唯一無二の映画俳優とされる。

演じるのは主役のみ。企画も吉永に合わせて作られる。
74歳にして主役を張る女優はほかにいない。
NHKとしてはぜひとも登場してほしい大御所だった。

プロフェッショナル班のディレクターである築山卓観も、まずは吉永の事務所にオファーをしてみた。

すると、秘書からは「これまでこういった取材は一切受けてこなかったので」と案の定やんわりと言われ、またその一方で「とにかく本人に会うまでに本人のことを勉強してきてください」「なんとか最後までたどり着けるように頑張って」と励ましてくれるような言葉ももらえた。そして2回目のオファーにして、「とりあえず会ってみましょう」と言ってもらえたのだ。

18年の秋、吉永は自身の121本目となる新作映画の撮影現場に密着してもいい、と取材を受け入れてくれた。ただし、「本人が無理だと思ったら、その時点で終わり」という条件つきだった。

吉永の映画の制作現場の一部始終にテレビカメラが入るのは、史上初めてのことだった。

本人との対面前日、築山はほとんど眠れなかった。

当日、面談の場所は東宝スタジオ。

NHK側は、ディレクターである築山と番組統括の荒川格《かく》プロデューサー、事務所からは秘書、そして吉永小百合本人である。

取材当日、緊張の中、築山は人知れず腹痛を我慢していた。

吉永は築山たちに向かってこう言った。

「60年間、私は自分をプロだと思ったことはありません。でも、この取材を通してプロになるにはどうしたらいいか、自分を見つめ直せたらと思っています――」

築山が言う。

「だからこの取材は、吉永さんにとっての〝プロフェッショナルとは何か?〟を探す旅になったんです――」


この本は、10ヵ月という長期にわたって新作映画に取り組む吉永小百合に密着し、大女優と称されながらも、ひとりもがき苦しみながら「役」を生きる吉永小百合の素顔に迫る記録である。

東宝スタジオ「衣装合わせ」

東京都世田谷区の成城と砧《きぬた》にまたがってある東宝スタジオ。

1932年に創立され、以来このスタジオから『七人の侍』をはじめとする黒澤明監督作品や『青い山脈』『駅 STATION』といった日本映画を代表する名作、また『ゴジラ』などの怪獣シリーズや数々の話題作なども生み出されてきた、いわば夢の工場である。

スタジオの入り口にはゴジラの模型が展示され、スタジオの壁には、『七人の侍』の主人公たちの絵が描かれている。

2018年11月29日、秋の終わりだった。

東宝スタジオの一室で新作映画の衣装合わせが始まった。

「おはようございまーす」

小柄な女性が部屋に入ってきた。

吉永小百合、その人だった。

スタッフが次々に挨拶をする。

そこで顔見知りを見つけると、「うわー、久しぶり！」と手を振り笑顔を見せた。

相手は、まだ新人の監督助手だった。築山は驚いた。そんな駆け出しの助手の顔を覚えていて、抱きつかんばかりに喜ぶ吉永——。

（まるで少女みたいだな——）

新作映画の監督である犬童一心監督が「僕には手を振ってくれなかった」と苦笑する。

吉永がブーツを脱ぎ、律儀に揃える。

助監督から吉永が紹介された。

「吉永小百合さんです」

拍手が起きた。

吉永にスタッフが紹介されてゆく。

カメラマン、美術、録音部、照明、記録、スチール、制作部……。

衣装合わせとは、出演者がいくつかの準備された衣装を実際に着てみて役柄に合ったものを選ぶことだ。

吉永に用意されたのは、スーパーに行く普段着、病院に行く格好……。

吉永から注文が入る。

「袖がないほうがいいかな。私、腕が太いから」

さらに、自宅でのエプロン姿、病院でのパジャマ、ウエディングドレス、スカイダイビングのスーツ、フォーマルなドレス、「ももいろクローバーZ」のファン用の法被《はっぴ》、いわゆる「追っかけ」ファッションも用意されている。

吉永が言う。

「私、ライブなんて『嵐』でしか行ったことないですね」

(「嵐」? ああ、そうか)と築山は思った。

吉永は、映画『母と暮せば』(15年、山田洋次監督)で「嵐」の二宮和也《かずなり》の母親役を演じたのだった。

「追っかけ」ファッションの吉永を見て犬童監督が呟く。

「新鮮だな。やってるのが吉永さんだから面白くなる」

1年ぶりとなる映画出演に、吉永はまるで少女のようにはしゃいでいた。

顔合わせ、いよいよ始まる

2018年12月15日。

東宝スタジオの一室で、顔合わせと第1回台本読み合わせが行われた。出演者にスタッフ、関係者も合わせると、70人くらいはいるだろうか。

ダブル主演の天海祐希《あまみゆうき》、そして夫役の前川清、天海の秘書役のムロツヨシの姿が見える——。

エグゼクティブプロデューサーの小岩井宏悦《ひろよし》が挨拶に立った。

小岩井は、ワーナー・ブラザーズ映画のエグゼクティブディレクター兼エグゼクティブプロデューサーである。フジテレビでドラマプロデューサーを務め、その後ワーナーに転職、『ブレイブストーリー』『るろうに剣心』などのヒット作を手掛けた辣腕プロデューサーだった。

「この企画は、本当に人生最大の緊張の賜物でした。3年前、芝のホテルで吉永さんに初めてお会いして、『こういった企画に興味はないでしょうか?』と切り出したんですね。もともとがジャック・ニコルソンとモーガン・フリーマンでやった映画ですので、リメイクしたくても、日本のトップの役者にしかやらせないと言われてまして。まあ、出演依頼は吉永さんがやらないんだったら、会社としては、開発そのものを諦めます、というところから始まりました。そこから3年後にこうしてみなさまに集まってもらえて、大変感激しております。お相手役に天海さんに来ていただき本当にありがとうございます」

そして犬童監督も一言。

「僕も想像上の人物と代官山でお会いしました（笑）」

ふと吉永を見ると、恥ずかしそうな表情を見せている。監督が続ける。

「基本的にはすごく楽しい映画。で、（ダブル主演の）幸枝《さちえ》さん（吉永）とマ子さん（天海）の最期はちゃんと見つめる、みたいな話ですね。それを上手に撮れればと思っています」

次に、スタッフが声をあげた。

「ご紹介します。北原幸枝役の吉永小百合さんです」

吉永が立ち上がり、「よろしくお願いします」と頭を下げた。

そして出演者の挨拶が続く。18年に話題になった映画『カメラを止めるな！』で一躍有名になったどんぐりも元気に挨拶。「どんぐりです！　よろしくお願いします」

緊張の「本読み」

「本読み」が始まる。出演者が台本を読みながら映画作りの基盤を作っていくのだ。

犬童監督が言った。

「基本的には止めないで、一回やってみてください」

北原家で――。
息子の部屋の前に病院の帰りに買ってきた弁当を置く幸枝（吉永）。表情は沈んでいる。
夫・孝道（前川）に向かって言う。
幸枝　「ごめんね、今日はスーパーのお弁当だけど。これ、自分であっためてくれる？」

孝道　「……」

ぶっきらぼうの夫、引きこもりの息子に手を焼く母親であることがわかる。

美春　幸枝と娘・美春（満島ひかり）の会話。
「手短にね、お母さん」
娘は仕事で忙しそうなキャリアウーマンであるらしい。

幸枝　「ごめんね。あなたに知ってもらいたくて。入院することになったの。大したことないのよ。胃腸の調子が悪くって、検査入院なんだけどね」

ホテルチェーン社長の剛田マ子（天海）が自身主催のパーティーで挨拶。

マ子　「(現在の成功は)なんといっても、ここにお集まりくださった、おひとりおひとりの欲の深いみなさんを相手に頑張っている私の力です！」
マ子は、相当な自信家の成金社長であることがわかる。

病室──。偶然同室になった幸枝とマ子。マ子が秘書（ムロ）に向かって高飛車に話す。

マ子「言ったでしょ。ふたり部屋なんて絶対嫌だって」

幸枝「すみません。同室の者です。北原と申します」

マ子「あなた……。あなた、私のこと知らないの？　……そう、知らないのね。まあ、いいわ。剛田マ子です」

若いイケメンの旦那（賀来賢人《かくけんと》）とイチャつくマ子――。

マ子「ちょっと、だから、人が見てるからぁ、そんなにくっつかないでって。人が、人が見てるからぁー……」

それを聞いて吹き出す吉永。「あっはっはっは！　あー、すいません」ときに和気藹々《あいあい》と本読みは進んでいく。

病室――。幸枝が娘の美春に病気の事実を告げる。

幸枝「あなたには言っておくわ。お母さんね、実は、癌なの（悲しい笑顔）。ちょっと治療が長引きそうなの。だから一慶《いっけい》（息子）とお父さんのこと、よろしく頼むわ。通帳と保険証の場所、ここに書いたから。万が一のとき、お葬式の手続きやなんかもあるしね。病気のことはふたりには言わないで。お父さんは横のものを縦にもしないし、一慶なんかもあの年でネットのゲームにハマって借金を作っているのよ。頼りになるのはあなただけなんだから

……」

美春「約束できない。約束できないよ、そんなこと。お父さんと一慶の面倒まで見切れない。お姉ちゃんだから、女だからっていっつも私ばかり我慢させられて。癌だってふたりに言うな？　死んだあとのことまで言い出して、何もかも私に押しつけないでよ！」

病室――。幸枝とマ子の会話。

マ子「末期なの？」

幸枝「ええ」

マ子の会社――。いったん会社に戻ったマ子が若い旦那に向かって言う。

マ子「ちょっと私がいない間に、何なのこれ？　ひょっとして会社を乗っ取る気

だった？」
――ふたりとも、それぞれに悩みを抱えていたのだ。

その後も、本読みは続いた。
少女の遺した「死ぬまでにやりたいことリスト」を、ふたりでひとつずつ制覇していく物語だ。

スカイダイビングを体験し、ピラミッド旅行に行き、ももクロのライブに潜入し、京都「からふね屋珈琲」のパフェを食べる……。

幸枝「甘いもの食べたり、友達と遊んだり、教会で結婚式を挙げたり、そういうあたり前のことをするのがあの子の夢だったんですねぇ」

そして幸枝とマ子が激しくぶつかるシーンも出てくる。

マ子「だいたい、逃げているのはあなたでしょう。なんで旦那に自分の病気のことをはっきり言わないの？　一緒に暮らしてても、背中向けて、心閉じて寝てるんだったら、何のための家族なのよ！　旦那からも病気からも逃げているだけよ」

幸枝　「のんき……？　馬鹿にしないでください。私の人生を馬鹿にしないでください！　主婦だって、のんきで気楽なことばかりじゃないんです。思いどおりにならないことばっかりだし、逃げたくなることだっていっぱいある。諦めたこともいっぱいある。私は何か残したわけじゃないけど、毎日毎日が精一杯だったし、私は、私は……ああ……。ただ、夫に私がいるって気づいてほしかった……」

引きこもりの息子の部屋のドアを叩くシーン。

幸枝　「開けて！　いいから開けなさい！」

幸枝　「この際だから言っておくね。お母さんはね、一慶が好き、美春が好き、それからお父さんが好き。本当よ……」

犬童監督が「本読みとしては、これで」と告げた。

本読みが終わってからも、吉永は監督とメイクについて話していた。

「死ぬ前の雰囲気をどうするかですね。白くなるというか」と監督。

「最初のほうを、逆にちょっと黒めにしたいなと思っているんですよね。ひかりちゃんは南国出身だし、親子でちょっと黒めで、最後は白く、ってどうかな」と吉永が言う。

京都旅行では一瞬辛そうなメイク、結婚式を挙げる長崎では顔色は戻り、そして病室では白くなるということになったようだ。

メイクについてやりとりしている吉永を見て、築山は感じていた（本当に細部まで、それも納得するまで語り合う彼女の姿をこの先も捉えていきたいな）。

121本目の出演作『最高の人生の見つけ方』

この新作映画のタイトルは、『最高の人生の見つけ方』。

2007年に公開されたハリウッド映画のリメイクである。

オリジナルは、『スタンド・バイ・ミー』や『恋人たちの予感』で知られるロブ・ライナーが監督した。余命6ヵ月を宣告されたふたりの男ジャック・ニコルソンとモーガン・フリーマンが、死ぬ前にやり残したことを実現するために一緒に冒険の旅に出るハートフル・ストーリーである。

そのリメイクとなる日本版は、『眉山―びざん―』『のぼうの城』などを手がけてきた犬童一心が監督し、主演はオリジナルが男性ふたりに対して、こちらの主役は女性ふたり、『千年の恋　ひかる源氏物語』（01年、堀川とんこう監督）以来、18年ぶりの共演となる吉永小百合と天海祐希である。


物語の主人公は、大学を卒業後すぐに結婚、以来ずっと専業主婦を続ける北原幸枝と総客室5万を誇るホテルチェーンの社長、剛田マ子。

まったく違う世界に暮らしてきたふたりが病院で偶然に出会い、自分たちの唯一の共通点は余命宣告を受けたことだと知る。主婦業と仕事、それ以外にやってこなかったふたり――。

今、何もやりたいことの見つからない人生の虚しさに気づいた幸枝とマ子は、たまたま手にした12歳の少女の「死ぬまでにやりたいことリスト」を実行するという無謀な旅に出る。

今までの自分なら絶対にやらないことに、自らの殻を破って飛び込む。初めて知った生きる喜びに輝くふたりは、家族や周囲の者たち、さらには旅先で出会った人々も巻き込み、彼らの人生も変えていく――。

この作品は、吉永にとって121本目となる出演作だった。

映画撮影に朝から晩まで密着……

『プロフェッショナル 仕事の流儀～吉永小百合スペシャル～』の担当ディレクター簗山は、1985年佐賀県神埼《かんざき》市生まれ。吉永とは40歳の年の差がある。

前に述べたように、プロフェッショナル班では、以前から「最後のスター」吉永小百合への出演オファーを何度も行ってきた。簗山自身、彼女へのオファーは2回目のことだった。

秘書の「本人に会うまでに本人のことを勉強してきてください」という言葉に促され、吉永の映画はかなり観てきた。そして、「とりあえず会ってみましょう」という返事をもらうと、手紙で自分の思いも伝えたのだった。

事前に「吉永さんは手書きの手紙でないと読んでもらえない」という噂は聞いていた。簗山は、文房具店で上質の和紙の便箋を手に入れ、長年使ってなかった万年筆を引っ張り出して思いのたけをしたためたのだった。

「お世話になっております。ＮＨＫ『プロフェッショナル　仕事の流儀』のディレクターの築山と申します。このたびは、当番組の密着取材をご検討くださり、本当にありがとうございます。3年ほど前にも私は吉永さんに出演のお願いをさせていただいたことがございまして、今回、こうして夢が叶い、心震えております。

実は、私は吉永さんとは、はじめまして、ではありません。私、佐賀出身なのですが……」

そこに築山は、こんなエピソードを書いた。

それは、吉永が出演した映画の佐賀ロケに、築山の家族がエキストラとして参加したときのことだ（『まぼろしの邪馬台国』２００８年、堤幸彦監督）。

そのロケ現場をのぞきに行った際に、築山は吉永を見かけていたのだった。

手紙の続きはこうだった。

「プロフェッショナルは、基本40日間、毎日朝から晩まで密着させていただきます。そのため、ご負担を相当おかけすることになると、毎回取材相手の方にお伝えしております。でも、そうしたときに初めて、その方ならではの『プロフェッショナリズム』が切り取れると確信しております。表面的に人を描くのではなく、その方の良い面も悪い面も含めて、人間・吉永小百合を描きたいと思っております。

もし、途中で答えたくない、とか、取材を受けたくない、というときには、遠慮なくおっしゃってください。その距離感も含めて、描いていきたいと思っています——」

築山が言う。

「このとき、まだ正式にGOサインが出たわけじゃありませんでした。ただ、まったく芽がないとそもそも会ってくれることもないと思い、僕としてはほとんどダメ押しのつもりの手紙でした」

築山は、08年NHKに入局し、奈良放送局で5年間勤務。大河ドラマなどのNHKのドラマが好きでドラマ制作の道へ進むことを希望していたが、奈良で『プロフェッショナル 仕事の流儀』のディレクターを経験したことがきっかけで、ドキュメンタリー志望に変更し、13年に東京に異動、この番組の担当となった。

以来、築山はさまざまなプロフェッショナルに密着してきた。

石工職人をはじめ、食糧支援のエキスパートである国連職員、料理人、落語家、会議通訳者、農家、そして羽田空港の清掃員、伝説の家政婦……。

さらに「吉永小百合スペシャル」のディレクターとして抜擢されたのだ。

自分をさらしていく、自分がどこに向かっていくのか、というのは常にこれからのテーマですよね

「私みたいなアマチュアが」

本読みが終わり、吉永への最初のインタビューが10分だけ許された。吉永の部屋を訪ねると、本人が出迎えてくれた。

――あらためて、よろしくお願いします。

吉永　はい。よろしくお願いします。

――本読みの感触はいかがでしたか？

吉永　最初に台本をいただいたとき以上に、いろいろなキャストのみなさんの雰囲気がとてもよく出ている感じがして嬉しくなりました。私は、まだまだですけれど

も……。

――どこが、まだまだだったんですか？

吉永　う〜ん、病気というのがね。入院していて、（告知を）自分で受け止めて、家に帰ってきて、そういう中から新しい自分を見つけてみようという思いになって旅に出るわけですからね。そのへんのことが、実際に動いてみないとわからない。ラストのほうは、気持ちでやっていけるという手応えは持っていますけど。

――観た人にどう感じてほしいですか？

吉永　生き方を見つける旅、ですよね。私の周りでも、そういうシチュエーションにおられる人がとても多いんです。だから、そういう方へのメッセージというか、きちんと自分を見つめて歩いていけるような、そんな感じを出せたらいいなと思いますね。

――そもそもこの映画をお受けになられたのは？

吉永　台本を読んで、あんまり深刻でなく、それでもとても心に響いたのでお引き受けしました。自分をさらしていく、自分がどこに向かっていくのか、というのは常にこれからのテーマですよね。これまでとはまた雰囲気の変わった、コメディタッチで描いて、その中から答えを見つけられるような、そんな映画にしたいと思います。

――顔合わせ、本読みとは、映画制作の中でどんな位置づけなのでしょうか？

吉永　最初にみんなで声を出してみるというのはとても大事で、そこでほとんど決まってしまう、みたいなこともあるんですね。だから、昨日の夜から緊張してました。

――共演者のみなさんについて教えてください。

吉永　天海さんとは、18年ぶりの共演なんですよ。そのときは彼が、彼じゃなく彼女が（笑）光源氏で、私が紫式部という不思議な配役だったんですけど。そこで、「いつかふたりで旅をするような役をやりたいね」なんて食事しながら言ってたんです。それが18年経って実現しちゃったんで、おたがいとても嬉しくてね、うん。

前川さんとは、仕事をご一緒にしたことはないんですが、トレーニングジムが同じだったんですよ。前川さんがトレーニングしたり、泳いだりしている姿を見ていて、今回、この役は絶対前川さんがいいんじゃないかと思いました。それで、監督やプロデューサーにご提案したんです、前川さんは「えー!!」と思ったそうなんですが、引き受けてくださったんです。

満島さんとは、『北のカナリアたち』（12年、阪本順治監督）という作品でご一緒して、彼女のそのときの努力というのがいつまでも記憶に残っています。（彼女が登場するのはその場所で）１シーンだけだったんですけど、わざわざサロベツ原野というところまで、自分ひとりで先に飛行機をとって、でも、その日は荒天で飛行機が飛ばずに、翌日に行って、自分の役をちゃんとそこで捉えた……それでロケに臨んだんです。すごい人だなあと思いました。

撮影のときは、寒くて寒くて、私なんかは喋るのに口が開かなかったんですよ。でも彼女はまったくそんなことを感じさせないで見事でした。その彼女とまた母娘でやれるってことは嬉しいですよね。こういう、出会いや再会があるから、俳優というのは素敵な仕事だと思いますね。ワクワクする、興奮してきますね。

――今回、なぜわれわれの密着取材を受け入れてくださったんですか？

吉永　いやあ、私、以前からそういう話をいただいていたんですけど、プロじゃないから（お断りしてきました）。いつも『プロフェッショナル』を拝見していて、みなさん、本当にプロ中のプロの方が出てらっしゃる。私みたいなアマチュアが、アマチュアじゃないかなって思ってる人間が出てはいけないと思っていたんですよ。

でも、逆に出演することで、自分探しができるかもしれないとも思いました。映画に出るようになって、プロとして映画に出てからもう60年近くなるわけですよね。だから、アマチュアだと思っている自分はどうなんだろうとか、プロになるにはどうしたらいいかとか、そういう意味で、自分を見つめる番組に出させていただくようなそんな気持ちでおりますけど。すいません、なんかちょっと普段の番組と違ってしまうかもしれないですけど。

――じゃあ、プロフェッショナルとは？　ときかれたら？

吉永　答えられないですよ！　うーん………。

ここでインタビューは終了。10分間はあっという間だった。

性格が逆な役を演じる

２０１９年１月５日。

いよいよ映画の撮影が始まった。

吉永はどの俳優よりも早く現場に入った。

築山は少し驚いた。

（大御所なのに一番乗りなんだ……。ヘアメイクに時間がかかるのかもしれない。

それにしても気合が入っているんだな）

セットに助監督の声が響いた。

「犬童組、『最高の人生の見つけ方』、クランクインします！　よろしくお願いします」

病院のシーン。テストがくり返され、さらに本番も何度かくり返される。

フィルム撮影と違い、何度もアングルや演技を変えてくり返し撮影できるのが、今、映画撮影で主流となったデジタル撮影だ。

撮影の合間に、セリフをさらう吉永。

そして監督とセリフについてのやりとりをする。さらに、現場にいた医療指導の先生とも相談する。

吉永「癌のステージ4ってどんな痛みなんですか？」

先生「ステージ4で全体に広がっているほうの痛みは、全体痛いなあ、どこなのかなあ、という感じですかね。ひどい方は悶えるくらいと言いますが」

初日の撮影が終わり、車に乗り込む吉永に同乗する。

車内での取材は、ほとんど経験がないらしい。

「ホントはあまり慣れていないんです……」と戸惑いながらも、懸命に築山たちを受け入れようとしているのが感じられた。

――**映画初日いかがでしたか？**

吉永 あの、デジタルで撮っているでしょ。私はまだ3本目なんで（デジタルの最初は『まぼろしの邪馬台国』、２本目は『北の桜守』)。まだまだ慣れてなくて、撮るテンポとか、軽やかですよね、デジタルって。そういうものにスッと溶け込んでいかなきゃいけないんですけど、まだ馴染めない。犬童監督とも初めてなんですが、いろいろ質問すると全部答えてくださるから嬉しいですね。

――初めての環境で挑むというのはどういうお気持ちなんですか?

吉永　大変なんだけど、新入生という気持ちになれるので、それが出発点かしらと思うんですね。撮影期間も２ヵ月と短いため、シーン１から順番には撮らない、いろんなシーンから撮るんですね。そういう中で、どこまでこの役を表現できるのか、というのも私の課題だし、大切な問題だと思っています。

――幸枝はなかなか人の輪に入れない役ですが、吉永さんは?

吉永　私は逆、だいたい幹事役ですよ。クラス会でも幹事だし、水泳の合宿に行くときでも、合宿できる宿をどんどん予約したりして、だいぶ違いますね。

――初日から、こうやって密着されるのはどうですか?

吉永　初めてですよ。いやあ、自分でもいいのか悪いのかわからないんですけど、築山さんの思いがあの手紙で伝わってきて、それを受け止めて私も精一杯、映画も、このドキュメンタリーのほうもやれたらと思っています。

撮影の合間、昼休憩にもチャンスを見て話しかけてみる。

――お昼は何を食べるんですか？

吉永　今日ね、ミネストローネの缶詰を食べようと思ったんですけど、コンロがないとダメだったのよ。だから断念して、コンソメスープと野菜と、それから茹で卵持ってこようと思ってたのに忘れちゃって、あと鮭缶も。馬鹿じゃないの、私。食べようと思って朝食食べないで持ってきたはずなのに。

――吉永さん、待ち時間のあいだとかも、お休みしているイメージがないんですけど、何か気をつけていらっしゃるんですか？

吉永　基本的にはまったく座らなかったんですよ。だけど、去年の3月に足首の腱鞘炎になって、これはちょっと労《いたわ》らないといけないなと思って、座るようにし出したんですけどね。立っているほうが、リズムがとれるというか。座るとなんか、そこで切れちゃうというか。

――リズムというのは？

吉永　この場所にいて、この映画に参加しているというリズム。だから座っちゃうと、出演者じゃなくて観客になっちゃうみたいな。そういう怖さが自分にある。

――待ち時間って役のままなのか、それとも吉永さんに戻るのですか？

吉永　6割役ですかね。「6割役、4割自分」かな。自分が演じる役を常にイメージして、特にまだ3日目だから。ちゃんとできてないし、ほかの俳優さんのお芝居見て勉強してます。

輝男さん（賀来）なんか素晴らしいですよね。ぱっと出てきて、あれだけできる……。He is professional! よ。ふふふ。本当に素晴らしい。あたしたち、アマチュア。本人が言うんだから間違いないね。

――どういう意味でアマチュアだと思います？

吉永　不器用で、ひとつずつ役を作っていくしかできなくて、最後に、終わったころに、そうだったんだなって気づく、その連続で。プロだったら、初日からビシッといける、ねえ？

いきなりクライマックスシーン

1月12日、控え室から車に乗り込む吉永に同乗する。

――今日のシーン、ベッドの中で動かずに演技するのは難しいのでは？

吉永　そうですね。なるべく顔だけで演技しないようにしようと思ってますけど。心で演技しようと。どうしてもそれだけだと、顔だけに集中しちゃって。だから気持ちで演技します。

――心で演技するとはどういうこと？

吉永　だから、お腹の中に、しっかりと自分の役を溜めて、それでそこから声を出したり、芝居をするってことですかね。

控え室になっているテントから出てくる吉永にきく。

――待ち時間のときって、どんなことを考えていらっしゃるんですか？

吉永　そのときによってですね。今は、明後日のセリフをちょっとやってましたけどね。その前のシーンがすごく重いシーンだったりすると、あんまりほかのことを考えられなくなるし。今日のシーンがなかなか難しくて、セリフを話しながら通帳出したりとか、自分の中でこねられなくて。樹木希林さんなんかは「何かをしながらセリフを喋るのが大事なのよ〜」って。すごいですよ。

病院。ベッドに横たわって、夫の孝道（前川）と話すシーン。

孝道「なんで病気のこと黙ってた。こんな大事なことを……。体が悪いのに旅なんかして、なんで治療に……。あ、すいません」

前川がセリフに詰まって、テイク２へ。

控え室に戻った吉永にきく。

――体調が悪いシーン、いかがでした？

吉永 呼吸をね、荒くしながらセリフを喋るのは難しい。ちょっと忘れたりしてましたけど、監督は大丈夫だって言ってくださったから、なんとか。

――録音部のほうに確認しに？

吉永 セリフがわかるかどうかは大切ですから。私は映画館で観ていてセリフがわからないと嫌なんですね。いくらひそひそ言うところでも、何言ってるかわからないと嫌だから。それはやっぱり聞き取ってほしいと思って。呼吸を荒くしながら喋るトレーニングもしなきゃいけない。

――吉永さんは納得されましたか？

吉永 これは、つながって（編集されて）みないとわからないんでねえ。このシーンは、結構後半のシーンでしょ？　毎日台本読んで、ここまではこういうことがあったんだって、自分の頭の中で作ってるけど、まだどこにも旅をしてないし、また旅になったら、ちょっとテンション上がるわけだしね。今のシーンがどのように組み合わされるのか、楽しみではありますね。

――**難しいですよね、いきなりクライマックスを演じるのは。**

吉永　舞台ではありえないし、若いころはね、めちゃめちゃにカットを撮っても、パワーで押し切ったけど、この年齢になるとやっぱり、自分でキチッといろんなことを把握して、やっていかないといけない。

――**1週間演じてみて、幸枝さんのキャラクターは摑めてきましたか？**

吉永　やっぱりすごく優しくて真面目で耐えちゃう人ですよね。そういう人がマ子さんに出会って自分を変えていく、というのが面白い。私の友達にも、本当にずっと家にいて何もできないという方もいらっしゃるし、いろんなタイプの友達がいるから、そういう友達を思い浮かべながらね。

――**吉永さんも変わりたいって思いとかあるんですか？**

吉永　いやあ、ぜんぜん思わない。思わないっていうか、いいことばかりじゃなかったけど、いろんなことに恵まれてここまで来たから、これで変わりたいって言ったら罰が当たる。

――ご自分の生き方には迷いはなかった？

吉永　これからですよね、これから。この映画が出来上がって、もうここでやめるということがあるかもしれないし。どこまでやれるのか、やりたいのか。そういうニーズがあるのか、それはわからないので。

――この映画が最後という可能性があるということですか？

吉永　ないことはないですね。うーん、自分でどこまでやれるかわからない。これからがやっぱり大変。生き生きと前を向いていけるか――。わからない。……もう、いいですか？

途中で取材を打ち切られてしまった。まだ、あまり内面までは踏み込ませてはくれない。しかし、彼女なりの壁の作り方に、築山はいい緊張感も覚えていた。

デジタル撮影で演じる悩み

1月16日、スーパーマーケットのシーン。

撮影の合間に、そばにいたエキストラの女の子に自然に話しかける吉永。タイミングを見て、吉永にきく。

――吉永さん、普段どんなものを買われるんですか？

吉永　チョコレートは買いますね。あとは、味噌汁とか野菜とか。

吉永がゼリー飲料を手にとった。

――やっぱり健康を気にされます？

吉永　泳ぐ前とかね、こういうのを飲むことはあります。お腹が空いているときは、やっぱりパワーをもらえる。

1月17日、ロケ先である千葉・いすみ市の病院で。

撮影の合間に、吉永、天海、満島で雑談中。

吉永　「千葉って土地がいいんですね、土壌？　ドジョウはいないけどね（笑）。野菜とかそういうものが美味しくできる」

（ドジョウ？　あ、魚の……。この人は、ダジャレも言うんだ）と築山は思う。

この日の撮影が終わり、吉永に話をきく。

――今日一日、長丁場だったと思うんですが、どうでしたか？

吉永 病院で撮影するとなんかこう緊張しますね。いろいろ思うことがいっぱいあります。この役のこととか、自分の友達で早くに亡くなった人のことを思って、あんまり重くならずに、いい感じで演じられればいいと思うんですけど、なかなか難しい。

――どういうところが難しい？

吉永 うーん。やっぱり、カメラとのコラボレーションですね。デジタルですからね。思いだけを芝居しようと思っても、カメラとの呼吸を合わせなきゃならない。

――フィルムだったら一発勝負ですが、デジタルのように細切れで同じカットを別のアングルで何度も撮る撮影はどうですか？

吉永 本当は嫌ですよ。やっぱり本番は1回というふうに思ってきましたから。でも、それは変えないといけない。この世界ではやっていけない。慣れないとね。慣れるかどうかわからないですけど。慣れてる人は本当に、さっとそのリズムに入れるけど、私はなかなか……。「えー！　また？」ってなっちゃう。自分の気持ちを切らさないで、立て直していかなきゃいけないし。これからどんどん大変なシーンになってくると、なおのことね。

やっぱり映画が好きだから

1月19日、ステージ4の告知を受けるシーン、スプリンクラーで病院内が水浸しになるシーンを撮影する。

1月20日、同じく病院で。

病院の売店で、死んだと思っていた少女・真梨恵に再会するシーン。

幸枝「あなた……」

真梨恵「幽霊にあったみたいな目で見ないでよ」

幸枝「あなたに、また会えて嬉しい……」

撮影終了後、また話をきく。

ひとつの現場が終わるたびに、まるで政治家の「ぶら下がりインタビュー」のように話をきく。今のところ、なかなか深い答えまで至らず、築山はモヤモヤしたものを感じていた。

――真梨恵ちゃんとの再会、どういったことを考えていました？

吉永　本当に亡くなったと思ってたわけだから、そのまあ、驚きということだけ、です。それからあとで、よかったという思いが込み上げてくる。

――どういうふうにそんな感情を生み出しているんですか？

吉永　あんまり考えない。考えないほうがうまくいくというか、いろいろ考えて、ああしようこうしようってやると、作った感じになっちゃうので。さっき監督に「もうちょっとサラッとやってほしい」と言われたんですけど、確かにそうで。うん、あんまり気持ちを入れすぎるとよくないですね。

――何回も同じ演技を、心を込めてやるにはどうすればいいんですか？

吉永　ぜんぜんできてないですよ。まだまだ。今日も戸惑って、どうしようって感じが強い。それは、デジタル映画の撮り方に慣れていないから。昔からの山田組（山田洋次監督のチーム）のように、一カットずつ撮っていくというやり方が身についている。日活の時代もそうでした。この映画やっているあいだに慣れる、慣れるというか、納得してやれるようにならないといけないですね。

――精神的にも肉体的にもお疲れなんじゃないですか？

吉永　そう、もういっぱいいっぱいです。ははは。

吉永は、病院のシーンではほとんど昼食をとる姿は見られなかった。病気に苦しむ人を演じるために、やつれた印象づくりに徹底しているのだ。

――どうしてそこまでされるんですか?

吉永 うーん、やっぱり映画が好きだから。映画の現場にいたいという想いで、この映画も引き受けましたから。初めての監督やスタッフとやって、その中で自分で何ができるかという、ある意味挑戦ですね。

――それが吉永さんを突き動かしている?

吉永 突き動かすほどじゃないんですけど、やっぱり映画の世界にいたいという想いがね。

1月23日、東宝スタジオ。

吉永が高齢の男性とハグしている。

「あああああー! 西田さん、どうしてるかなと思ってた」

きくと、かつて市川崑監督の大道具を務めていた人が激励に来てくれたのだと吉永が教えてくれた。
「西田忠光さんといってね、市川監督の大道具は必ず西田さんだったんです。レジェンドですよ。もう80歳で。昔からの映画作りを知ってらっしゃる方が来てくださると、とても励まされますね。今は、本当にデジタルなんでね……」

吉永「ありがとうございます。お目にかかれて嬉しかったです。西やんも元気でね」

西田「頑張ってね！」

吉永「はーい！　また来てね！　2月もやってるから」

その場で西田さんにも話をきいた。

――いろいろと思い出があったんじゃないですか？

西田「（涙ぐんで）……。ごめんなさい。最初はね『細雪』（1983年）だったの。市川崑監督の映画でいつも一緒にやっていたんですよ（ハンカチで涙を拭く）。俺、青森だからさ。（小百合さんが来てくれたとき）親戚みんな呼んでさ、一緒に食事したり、写真撮らせてもらったり、小百合さんにはお世話になって……」

そう言って、西田さんは吉永と肩を組んで写っているスナップ写真を見せてくれた。

――西田さんとのおつきあいは長いんですね。

吉永 長いですね。市川組での大道具は必ず彼でしたし、とにかくあのキャラクターでみんなに愛されて、ずっとやってらした方で、もう引退されたんですけどね。

――この映画がうまくいくように毎日お参りされているようですよ。

吉永 うわー、それはすごいことですねぇ。昔の活動屋みたいな方がご存命でお会いできるというのは嬉しいです。もう私なんか、終焉近い映画人ですから――。

1月27日、静岡空港。

マ子のプライベートジェットでのシーン撮影。

この日はこちらにも細々と撮影NGの指示を出される。こういう撮影の制限が多い日には、とにかく吉永との距離を詰めるために雑談を投げかけてみる。そこから、仕事観につなげられる機会をうかがうのだ。

――吉永さんってプライベートジェットに乗られたことあるんですか？

吉永　ないです、ないです。とんでもない。

――持ってらっしゃるのかと思ってました。

吉永　いやいや、地味に生きております、ふふふ。借金もないけど、そんなに貯金もない……。ふふふ。

――いつも台本を現場に持ち込んでいませんけど、セリフは完璧?

吉永　いやいや、怪しいときもありますよ。今日はいつもより怪しいから、もらった号外（台本の修正）を持ってます。基本的には台本は持たないですね。

――現場に入るときに、こう演じようというのはあるんですか?

吉永　いえ。現場に来て段取りをしてその中で作ります。あんまり自分で決めずにいくんです。ただ自分がイメージしてきたことからあんまり違った感じになったら、監督に「こういうふうに演じたいんですけど」って申し上げることはありますけどね。

段取りして、相手の方と合わせるっていうのが、いちばん大事ですよね。自分だけ、ひとりのシーンなら、それはないんだけど、今日もね、天海さんとおたがい声を出し合って、その中で何かを摑むというか……。

――かなり生《ナマ》もの?

吉永　そうですね。映画のシーンって、その日に終わっちゃうでしょ。舞台だったら、そういうセッションをしながら1ヵ月ぐらいあるわけだから。その感覚はどうですかねぇ。私はやったことがないから、舞台は。それが面白いんですって。そうやって稽古のあいだはね（変わっていくのが面白いんでしょうね）。そうでしょうね。こういう見方もあるんだ、こういう表現もあるんだということをやりながら。

「ちょっと目覚めて、強くなりました」

1月30日、京都。
ヘアメイクの田中マリ子さんにメイクされている吉永にきく。

――1ヵ月取材して初めてですね、お支度の現場は。こういうとき、どんなことを考えていますか？

吉永　いやあ、あんまり何も考えない。仕上がっていくのを見て、ワクワクしてるというか、以前はね、ずっと自分でメイクしてたんですけど、マリ子さんに出会って、前作から全部お任せすることにして。だから違う自分になれる。自分でメイク

すると吉永小百合にしかならないから。
口紅を塗る。首に日焼け止めを塗る。

――少しずつ役に入っていく感覚なんですか？

吉永 そうですね……そうですね。

――スイッチはあるんですか？

吉永 いや、そういうのはない。曖昧なところに立っていて。で、セットに入ったら役になるというか、ファジーです。

――（メイクを）見せないというのは俳優としての美学とか、こだわりなんですか？

吉永 そんなに大それたことはないんですけど、たまたま。そのセットに入ってから（姿を見せる）、というのが基本姿勢なだけで。そういうことです。

このころから、築山は自分たちが吉永の懐に入れてもらえ始めたことを感じていた。それまで吉永は、メイクの様子などを撮影させることはなかった。

築山にしても、俳優としての流儀やこだわりを何度きいても深く突っ込めず、懐に入れない苛立ちを感じていた。それが撮影中に、何度も本人宛に手紙を書き手渡したことで、ようやく功を奏し始めたのだった。

1月31日、京都での記者会見。

吉永と天海が登場し挨拶をする。

吉永　「30代の半ばぐらいまでは、『はい』と『いいえ』が言えなくて、この映画の幸枝という耐えしのぶ役に近い自分がありました。でも、ちょっと目覚めまして、強くなりました。とはいえ本質的には（私は）あんまりはっきりと意見を言わないようなタイプ、です。人の意見を聞くのは大好きなんですけど、自分の意見を言うのはあんまり……。表立って喋りたくない、というタイプですね」

そして映画のテーマと内容に触れる。

吉永　「家族、というのが大きなテーマになっています。バラバラになっていた家族がどうやってひとつになるかってこと——ひとりひとりの家族に、どう幸枝が伝えられるか——それが映画の後半にあるんです。そこがとても好きなシーンですし、ぜひみなさまに観ていただきたいと思います。それがちゃんとできたら、次のステップもあるかしらと思っています。できなかったらもう、終わりかもしれない」

役との距離を縮める。そしてその人と同じ風に吹かれる――。その場所に立つということは、私にとって、とても重要なことなんですね

天海祐希さんを幸せにした瞬間

ダブル主演であるマ子役の天海祐希さんにも話をきいた。

――吉永さんの映画俳優としてのすごさとは?

天海　まず、これだけの年数、ずっとトップを走り続けていること。それから、吉永さんご自身が「女優・吉永小百合」という人物を一切邪魔してないっていうんで

すかね。みなさんが映像を通して吉永さんに抱くイメージをそのままお持ちの方ですね、本当に。そこにプラスするならば、もうちょっとお茶目で、もうちょっと可愛いらしい。それってすごいことだと思うんですよね。

私たち、お仕事をしてないときの自分が、表に出ているときの自分の足を引っ張ることって多々あるじゃないですか。私はちょっと「ブラック天海」が出るときがあるんですけど（笑）、でも「ブラック小百合」はいないんですよね。表に出しているものと中身が一緒の方って、私あまり出会ったことがないですね。人としても女性としても、なんて素敵な方なんだろうと思います。本当に嘘がない、誤魔化しがない。

――嘘がない、ということは演じるうえでどんなよさにつながるのでしょうか？

天海　私たち、芝居するときには、たとえば「ここでこうしたいから今はこうしておこう」と計算して、段階を踏むんですけど、吉永さんはその瞬間瞬間、計算ではなくて、本気度が高いんですよね。

ご自分でもおっしゃってましたけど、「よーい、スタート！」の声がかかると「このくらいにしておこう」ということができない。叩く芝居のときでも、テストから全力で叩いてしまう――。だからケガをしてしまうんですって。

私なんかテストだからこのくらいにしておかないと本番まで続かないなって思って加減してしまうんですけど、あれだけのキャリアがある吉永さんが、リハーサルやテストのときからこんな全身全霊でくるんだと思ったら、本当にごめんなさいって、己を省みました。

――吉永さん自身と役柄にも嘘がないと感じましたか？

天海　私も含めてですけど、役柄と自分にものすごく「あいだ」がある役柄ってあるじゃないですか。でも吉永さんにはそれがないと思う。ご自身に引き寄せてるのか、逆にご自分が寄ってるのかはケースバイケースでしょうけれども、そこと自分の境目にいられるって、すごいことだなと思うんです。大抵どっちかに必ず寄ってしまうんですよね。だからご自分であるときの冷静さをちょっと持って、そしてその役柄に対する「没入感」というんですかね、そういうものにちょっとだけブレーキをかけている。

でもスタートがかかるとそれが制御しにくいみたいです。それでも、「あいだ」にいるんですよね、小百合さんって。

今回の共演でその姿を間近で見られて、私の目を見てお芝居してくださって、小百合さんが見ている景色を両目で見られた気がして、とても幸せでした。すごく感激してしまって、吉永さんと2本も映画が撮れたなんて信じられない心地ですね。

――吉永さんは映画界にとってどんな存在ですか？

天海　ああもう、レジェンドでしょうね。レジェンドでありながら、バリバリの現役でみんなを引っ張ってる感じ。もうこういう方は出てこないと思います。それは小百合さんが歩んでこられた時代や状況もあるでしょうけれど、小百合さんのような方はもう二度と現れないと思います。

今年74歳になられるなんて、信じられますか？　あんなに可愛くてあんなに綺麗なんですよ？　小百合さんを見てると、人間って心の美しさが出るんだなって思います。そこに気がつくことができた自分も幸せだなって思いますね。

自分が演じる人の故郷を訪ねて

2019年2月2日、長崎県五島列島・福江島――。

ここが、この映画の主人公・北原幸枝の生まれ故郷という設定である。

五島列島は、長崎港から西に100キロに位置する大小152の島々からなる列島である。

その中でも最も人口の多い（3万8000人）のが福江島だ。
この島には、キリシタンが弾圧を受けた悲しい歴史がある。

車から景色を見ている吉永。彼女がここを訪ねるのは3度目になる。
「幸枝さんは、ここで生まれてここで育った」と吉永が呟く。

ハーフコートにサングラスの吉永が坂を歩いていく。
「空気も新鮮！　あ、本物の椿！」と道路に落ちていた椿の花を拾う。

この日は、吉永のほうから呼ばれた。
「自分にとって、役の故郷を訪ねるのはとても大切なことだから、簗山さんに来てもらったほうがいいかもしれない」

――ふだん旅行はお友達と？

吉永　だいたいいつもひとりです。どこでもひとりで行きます。でも、ここ3年ぐらいは仲良しの相棒と毎年一緒に旅をしてます。ギタリストの友人と。

――いかがですか？　幸枝さんの故郷を訪ねてどんなことを感じました？

吉永　やっぱり、こういうところでね。おっとりと、平和に暮らしてたんですね。あんまりいろんなこと、困ったシチュエーションを考えなかったと思うんです。それで最初に息子の引きこもりから、そのストレスで彼女は病気になったんじゃないかと。お酒もそんな飲まないし、タバコも吸わない人。

でも、旅の最後に故郷に帰って、先祖のお墓参りするんです。そのあと何が待ってるか、感じている――。大切なシーンだと思います。

――どうして吉永さんは、自分の役の故郷を訪ねるのが大事だと？

吉永　やっぱり素人だからですよ。プロだったらちゃっちゃっと、撮影現場に車で乗りつけてパッと役になれるけど、私はその役のルーツとかその人がどこで生まれて、どうやって育ったのかを知らないと、なんかこう、自分の栄養にならないんですね。だからついつい来ちゃうんです。

――必ず行くんですか？

吉永　そう。一度だけ与謝野晶子さんを演じたときは（『華の乱』88年、深作欣二監督）、堺の町（大阪府堺市）に行かれなかったんです。それがずっと自分の中で引っかかっていて、いつまでも役から離れられなくて、1年ぐらいずっと引きずってしまいました。
役との距離を縮める。そしてその人と同じ風に吹かれる――。その場所に立つということは、私にとって、とても重要なことなんですね。

――いつごろからそうされているんですか？

吉永　（出演作の）80本目くらいからですよ、やってるのはね。その前は、自分の出た映画の試写も観られないような忙しさでしたからね。
ひとつずつ、そうやって役と友達になって、役に近づいていく、というのが楽しいし、難しいし、どこまでその役と近づけるか、表現できるか、毎回、少しずつ、うまくいくこともあるし、うまくいったと思っても全然ダメなこともあるし、いろいろです。

――幸枝さんの匂いは何か感じた？

吉永　匂いというか香りというか、マ子さんとは違う、おっとりとした環境で育って、今、大きな困難の中にいるというね。そういう幸枝を愛おしいというか、大事に演じたいと思いますね。
幸枝が見たかもしれない景色をスマホで撮る。

――本当に静かでいいところですね。

吉永　雲も素晴らしい！　不思議な雲だ、五島の雲だ。

――久しぶりの五島はいかがですか？

吉永　前に2度来てるんですが、今日のほうが穏やかで暖かい。

――撮影する現場を下見に行かれるというのは、よくあるんですか？

吉永　ここで生まれてここで育って、ここに先祖のお墓があるというのは、撮影当日じゃなく、やっぱり事前に下見しとかなきゃいけないですよね。だから、その前日というのは珍しいんですよ。前に来ているから、このスケジュールでしたけど、ここを知らなかったら、もっと先に来てたと思うんですけどね。

だから、前の映画の『北の桜守』では、サハリンに撮影の前の秋に行って、昔日本人が住んでいたところなどにも行きました。今回は、そんなに深いルーツじゃないんですけど、こういう温かい人情の島で生まれて、高校まで行って、そう、だからおっとりしていて何も言えないこの人の性格を作ったんじゃないかと思うんですけどね。江戸っ子だったら、もっとパパパッといろいろ言って、夫にも言えたでしょうし。

――五島への思いとは？

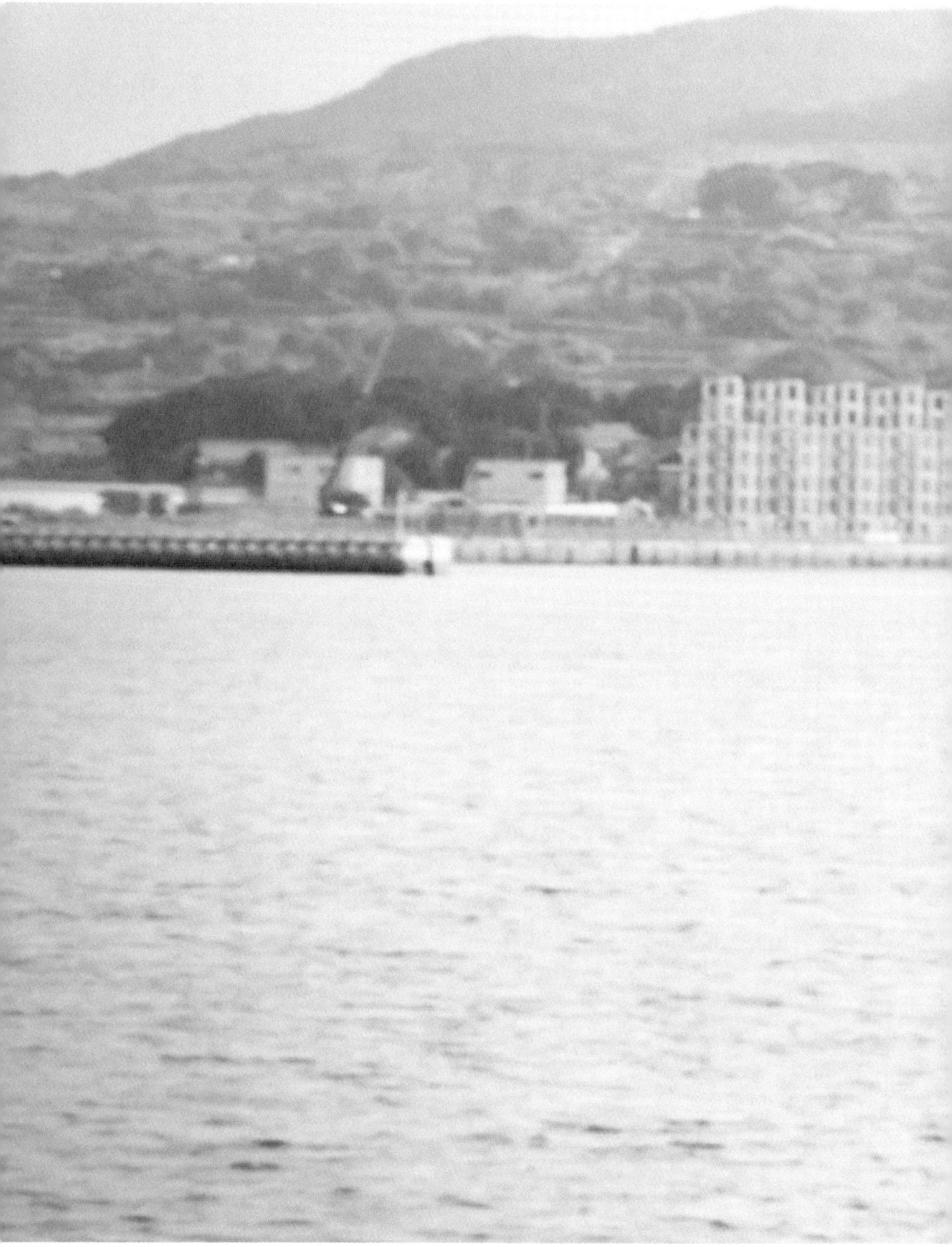

吉永　切ないですよ。小さな島、久賀島《ひさか》には狭い牢屋に200人くらいのキリシタンが入れられていた場所があったり、素晴しい教会もあって。でもなんか島の人たちが今もそのころの思いを抱きながら生活しているような、そんな感じがありますね。

港に大きな客船が入ってきた。それを写真に収める吉永。

吉永　学校の先生が長崎市のほうに転勤になったり、帰って行ったり、生徒が長崎の高校に進学したり、そういうのを昔ながらの紙テープで別れを惜しんでる、ブラスバンドとかもね、そういう別れの場面を見てとても感動しました。なかなか東京にいたら味わえないでしょう。

その人と同じ風に吹かれて、その場所に立つ。私にとってすごく大事なんです。その人のルーツを知らないと演じられない――。

――映画の作り方も本当に変わってきましたしね。

吉永　そう。デジタル化されてくると、外の風に当たらなくても、外のシーンが撮れたりするわけでしょ？　だから変わってきてるし、そういう新しい技術の波に、どうやって乗っていけるのか、それとも乗っていけないのか――。私も、自分で感じて、決めていかなきゃいけないかもしれない。

――デジタルではなく、フィルムの世界で生き続けることはできない？

吉永　私たちの仕事は、企画があって、オファーがあってやるものなので。この企画面白いなあと思ったとき、「これデジタルですか、フィルムですか」ってきいて引き受けるわけにはいかない。今はそんな状況です。

そもそもフィルムで上映できる映画館がないわけですね、ほとんど。そうなると、フィルムで撮る監督さんって本当に限られる。山田洋次監督のような巨匠だったらできるけど、普通の監督さんだったらできない。つまり選択ができないわけですよね。

――フィルムとデジタル、何がいちばん違うんですか？

吉永　私はずっと「本番は1回」という中でやってきました。その1回の本番に思いをこめて、もちろん緊張感を持ってやることが大切。これが今の撮影との大きな違いです。

今は、何テイクか、違う角度から撮って、どれが採用されるかわからない。監督さんがご自分で映像を見ながら、「こっちのほうが面白い」「こっちがいいな」って選ばれる。

だから、ひとつずつ緊張感を持って撮ることがまだできないような気がするんですよね。「よくできた！」と思っても、もう一回と言われたら、ちょっとガッカリするし……。同じことができないんですよ、そのへんが素人なんですね。

――それは悲しいですね。

吉永　悲しいとはぜんぜん思わないんですけどね。その時代時代に即して、技術そのものが変わって、映画の作り方とか、出来も変わってくるのは当然のことです。その中でこういうものが生き残っていけばいいと思うんだけど、それに自分が対応できるかどうかっていうのはわからないんですけどねえ。

フィルムがいい、とだけとは言えないと思うんですよね。デジタルのいいところもいっぱいあると思うんです。ただ、たとえばＮＨＫの大河ドラマを見ても、デジタルであまり映りすぎると、時代劇のよさがなくなるような気がしてしまうんですよね。

だから、ひとつオブラートというか、幕の向こう、銀幕って言ってましたけど、幕の向こうからメッセージが伝わってくるということが今、少なくなっているかしらと思いますね。

高倉さんの受けの芝居、そしてその芝居を受け止めて私がまた喋って、というキャッチボールをやっていて、なんかこう、震えるような感動があったんです

高倉健さんの妻役が転機に

吉永が、福江島の旅館の和室の炬燵《こたつ》に座っている。ボーダー柄のセーターに黒縁の眼鏡。彼女は、極度の近視らしい。

部屋の左側には、テーブルに鏡、「化粧前」がしつらえてある。荒天で撮影は中止。吉永は台本に手を入れていた。

五島列島に行く前の京都で、簗山は吉永宛に手紙を渡していた。
(役作りの準備を撮らせてもらいたいのですが……)
すると、この日たまたま雨が降って撮影が中止になり、吉永の秘書から連絡があった。
「少し部屋でお話ししませんか、と吉永が言ってます」
初めて彼女の素顔に迫れるかもしれない――。
これまで彼女は、役作りの準備を撮らせたことは一度もない。
簗山は、興奮とともに緊張感がこみ上げるのを感じていた。

――撮影がないときは、どんなふうにすごされるのですか?

吉永 まあ、台本を読み直したり、自分のできるトレーニングをしたり、あと荷造り、荷物の整理、いらないものを送り返したり。

――どんなトレーニングを?

吉永 ストレッチとか、バランスボールとか。プールがあれば泳ぎます。

――バランスボール、持ってきてるんですか?

吉永　持ってきてます。大と小。

――撮影がないときは、お出かけとかは？

吉永　仕事で来ているときは、そういうことはまずないですね。夜食事に行くことはありますけども、昼間どこかに行くのはありません。仕事に関連してどこかに行く、というのはありますけどね。そんなに器用じゃなくて、遊ぶときは仕事なしで、行きたいところに行くし、仕事のときはそれに集中するというね。

――じゃあ、こういう日は台本に集中する？

吉永　そうですね。ありがたい休日ですから。

――息苦しさとかないんですか？

吉永　泳げさえすれば大丈夫です、へへへ。

吉永が台本をめくる。見ると、ずいぶん書き込みがある。

――いろいろと書き込まれているんですね。

吉永　これは台本が変わったから、ト書き（セリフ以外の設定）とか変わったことを書き込んで。こないだ、すごく短くなったシーンがあるんですけど、なんか活字を

読んでも、気持ちが伝わらないっていうか、そんな感じがしたんですね。
今日のこれは私がお願いして短くしていただいたんですけどね。幸枝は具合が悪いのに、こんなベラベラと喋りすぎなんじゃないか、饒舌すぎると思って、減らしていただいて。
あんまり書き込まないほうですよ。私はきっと。
これは、12歳の真梨恵に対して、セリフが強すぎるんじゃないかって監督に申し上げたんですね。本読みのときに、ちょっと私が強く喋りすぎた気がするし、息子にも言えない、夫にも言えない人が、ここまで他人にきちっと言えないんじゃないか。ちょっと言おうとしてたじたじするほうが、幸枝らしいのではないかって気がして。まだ、撮ってないシーンなんですけどね。

――明日からのシーンはどこが難しい？

吉永 長崎のウエディングでは、とっても受身な芝居なんですが、その受けてるあいだに気持ちが変化していく、それを顔ではなく、全身で表現したいと思っているんです。できるかどうかわかりません。

――セリフがほとんどないですね。

吉永 そうですね。好きなんです、そういうのが。

――なぜですか？

吉永　10代のころは本当にベラベラと喋って、ピッチャーだったんですね、俳優としての役目が。浜田光夫さんがいつも相手役をやってくださって、彼がキャッチャーだったんですね。で、とにかく直球ばかり投げるピッチャーだったんですけど、30代半ばくらいから、キャッチャーをやる面白さというのが少しずつわかったような気がして、やっぱりどう受けるかということはとても、私にとって大事だと思うんです。

――どうして大事だと？

吉永　一応、この映画の中心にいる人物として、いろんな俳優さんのいろんな演技を受け止めてるというのは、いちばん大きな仕事なのかしらと思うんですね。だから自分がどんどん攻めていくのではない方法が、私は好きなんですよ。それもいろんなタイプの俳優さんがいらっしゃるし、その映画によって変わると思うんですけれど。

――ピッチャーからキャッチャーに変わったきっかけは？

吉永　やっぱり『動乱』（1980年、森谷《もりたに》司郎監督）という映画ですね。高倉健さんとご一緒して、二・二六事件で、刑務所で処刑される将校役が高倉さんなんですけど、最後の別れのシーンを撮ったときに、高倉さんの受けの芝居、そしてその芝居を受け止めて私がまた喋って、というキャッチボールをやっていて、なんかこう、震えるような感動があったんです。

まあ、それ以降、いろんなシチュエーションがあるんですけど、受けるということは面白いと。できないことも本当に多いのですが、やっぱりそれができるようになりたいと思います。

――納得できる「受ける」演技をするには？

吉永　あっははは。わからないですよ！　その現場に立ってみないとわからない。夫（夫役の前川）がどういう感じで私の前に現れて、どんな声の調子で喋られるか、それをよく聞いて反応するという感じですね。やっぱり映画はみんなで作るものだから、アンサンブルを大切にしたいと思います。

――前川さんが投げたボールを、吉永さんがどう受けるか。

吉永　そうですね。まっすぐなのか。前川さんは、フォークボールじゃなくて、たぶんスッと美しいかたちでボールが来ると思いますから、それをきちんと受け止めて、いいかたちで返したいですねぇ。でも、心で受け止めるので、そんなに何か作ってやらないほうがいいと思いますね。

——台本は声に出して？

吉永　覚えるときは声に出して読みます。撮影中も何度か読み直しますけど、今まで撮ったところも、この流れなのかと、改めて思い返してやっていくという感じでしょうね。時々振り返って読むと、なんか新鮮ですね。

——移動の飛行機の中で読み返したときに、最初との変化はありましたか？

吉永　病人で末期だという状況を演じるシーンが途中で増えたりしましたから、そういうのをさりげなく、「楽しい旅をしているんだけど、心も体も辛いんだ」ということをどうやって表現しようかと思っているし、たまたま天海さんもそう思ってて、「重くならなくて、そういう厳しい状況にあるというのを表現したいね」と話しました。

——ウエディングドレスのシーンでも？

吉永　ウエディングのところは、そんなに（病人らしさを）入れないつもり。ただ歩き方とかは本当にゆっくりになると思うんですけど、マ子さんのほうが病状が悪くなっていくので、むしろ自分も調子が悪いけど、彼女にとても気遣って、心配していく幸枝でいたいと思います。

映画はね（中略）、麻薬、かもしれない。なんか自分を酔わせてくれるものっていうか、うん、夢中にさせてくれるもの……。酔いしれたいというか、そういう陶酔できる作品を作りたい――

「10日に一度は引き際を考えます」

吉永　努力しないとついていけない。努力じゃないんですけど、日々できることをしているだけ。まだまだ少ない。足りないんですけど。ついていけないですよ、今の撮影のテンポとか、やり方にはね。何もしないでモタッとしてると、とてもみなさんの速度についていけない。うん、だから必死です。

――努力ではない？

吉永　努力というのとは違う。最低限、自分がやらなきゃならないことって、努力じゃないですよね？　なんでしょう。必要なこと、大切なこと。だから努力ってそれ以上のことをすることで、それはなかなか今、もうできないけど。自分のできることはやろうと。それができなくなったら、もうやめるしかないですね。

――日々、引き際を考える？

吉永　いえ、日々は考えないですけど……うん、まあ10日に一度くらいは考えますね。

食事が運ばれてきた。

――いつもひとりでお食事されることが多いんですか？

吉永　はい、ひとりが好きです。仕事のときはね。普段宵っ張りなので、次の日なにって場合はいいんですけど、そうじゃないときは、自分のペースで食べて、自分にとっていい時間に寝るのが大切です。朝早い撮影のときは、しっかり早めにしないと本当にダメなんですよ。

――普段の食事で、どういうところに気を遣ってらっしゃるんですか？

吉永 そうですね。夜は、この映画のあいだは、病人役なので、太らないよう炭水化物はやめてる。朝は食べるんですけど、お昼はそんなに食べない。炭水化物はやめて、お菓子はちょっと食べますけど、はは、元気づけにね。だから野菜とタンパク質の、質のよいのをなるべくとる感じ……。

――何でも食べていいと言われたら、何がいちばんお好きですか？

吉永 食事だったらなんだろう。茄子と挽肉の炒めたのを自分で作ったのがいちばん好きですね、ごま油で。それはね、結構、みんなに美味しいって言ってもらえるので。全体にものすごくヘルシーです。

わりに便利な体なんですよね（体重の増減は楽にできるらしい）。楽なんですけど、今回みたいに、病気が悪くなったところと、そうじゃないところを、同じ日のうちに撮るっていうのは、初めての経験で、それはもう、メーキャップの方のお力を借りないとできないことですねぇ。

今回は短い日程なので、自分の中で計算してじわじわと痩せていくとか、何日間でぱっとやつれるとか、そういうことができない。そうなると、まず何よりも元気でいること。こういうタイトな撮影の場合は、インフルエンザや何かの病気をしてしまうと、映画が飛んじゃいますからね。そういうことがないようにバランスのよい食事が大事。

――撮影期間の2ヵ月、ベストパフォーマンスを保つのはどうですか？

吉永　もう、できるかしらっていう感じ。今でも、もうあと半分くらいですかね。これからも重要なシーンがいっぱいある。ああ、明日もそうですし、心と体が元気なら、ワクワクと仕事の現場に行けるから、それでいいパフォーマンスをして、この映画作りをいいものにしたいという思いは強い。

前はね、数をもっとやっていたでしょ。今は1年に1本、という感じでやってると、もう、前よりプレッシャーは大きいし、しっかりやらないといけない年齢になっているので、その仕事に入る前の準備とか、仕事中の自己管理とかね、本当に、大変ですね。大変だけど、それをまあ面白がってやれたらいいと思います。

――吉永さんにとって、映画って何なんですか？

吉永　映画……子どものころはバイブルだったんですね、映画は。今は、ちょっとこういう言葉を使うとまずいのかもしれないけど、麻薬、かもしれない。なんか自分を酔わせてくれるものっていうか、うん、夢中にさせてくれるもの……。酔いしれたいというか、そういう陶酔できる作品を作りたい――。

――今回、これまでお見せにならなかった姿を撮影させてくださっているのはどうしてなんですか？　本当のお姿を。

吉永　いやー、それがどうしてだかわからない。3人（取材クルー）の魅力ですよ。それは絶対に。なんかとても気持ちが伝わってくる。撮影中にね、いいものを作りたいという想いが伝わってくる。伝わるから、私も本当は映画に集中したいんだけど、映画を撮っている私を撮ってくださるみなさんもきっといいものを作ってくださるという、そんな思いでおりますので。すいません、こんな答えで。でもそれは本心です。

――何かを伝えたいのでは？

吉永　映画に夢中になっている私が、どういうふうに映画に向かっていくかというのを、私と同じの年代の女性に知っていただきたいっていう思いもありますね。

映画に向かっているけども、どこかで自分はいつ幕を引くかってことも考えている。そういう部分もあるんで、どこまでやれるか。そのへんは自分でもわからないんだけど、ある意味、楽しみというか、自分の将来が見えないだけに面白いというか……。

――プロフェッショナルという答えは出ましたか？

吉永　いや、出てません！　答えられなくて悔しいですよ、本当に。59年目なんですよね。日活の撮影所の専属の俳優になって月給をもらって、59年というのはだいぶ長いですよ、うん。

――あと何年という区切りはしていない？

吉永　今回かなり大変な撮影になりましたけども、結局自分がこういう映画撮影のかたちにどこまで入り込めるかっていうところで決めることかと思いますけどね。

それと、どこまで表現することができる俳優でいられるのか、慣れていけるのか、そのへんもありますね。

ジェシカ・タンディさんというとても素敵な俳優さんが、80歳であの『ドライビング Miss デイジー』という映画でアカデミー賞をとられたんです。そのときに、たまたま私はそのドキュメンタリーの番組を作っていて、ニューヨークで彼女にお会いしたんです。もう本当に素敵で、お目にかかれたことに感動したんです。

彼女が「監督の求める動きができないようになったら、そのときは女優をやめるときです」とおっしゃったんですね。あんなふうになれたらどんなにいいかしらって思いはありますね。

もう終焉が近づいていますから。はははは。樹木希林さんとは特にね、仲よかったし、よく知ってたから、彼女の映画に対する想いとかも受け止めて、私がこう引き継いで、また次の世代に残していけるかというのは考えたいと思います。

映画というもので、人の心を熱くしたり、感動させたりしたいと思うし、そういう仕事をやっているということは、私にとって本当に大切なかけがえのないことなんです

笠智衆さんのようになりたかった

幸枝ならどう言葉を発するか――。

吉永は撮影が始まると、プライベートを断ち切り、四六時中、役のことだけを考

え続ける。
　そんな生活を実に40年以上続けてきた。
『北の桜守』では、ただおにぎりを握るというほんの些細な仕草のために、一日50個を作って、体に染み込ませた。

――映画俳優として大切なことはなんでしょう？

吉永　まず健康で毎日仕事に参加すること。それはどんな仕事でも一緒なんですが、私たちの仕事は誰かに代わりを務めてもらうことができないわけですよね。もし私が今日一日撮影所に行けなければ、100人くらいのスタッフが何もできなくなってしまう。だからとても責任が重い。技術よりも何よりも、「健康で撮影に行く」ことが大切です。

――演じることの最高峰とは何ですか？

吉永　「演じてるけど、演じてないように見える」と「演じてないけど、演じてるように見える」、どっちなんでしょうね。でも、「演じてるけど、演じてないように見える」のがやっぱり最高なんでしょうね。
　山田洋次監督にうかがったことがあります。私が「笠智衆《りゅうちしゅう》さんはポンと自然に立っているだけで、後ろ姿が素敵なんですね」と言ったら、山田監督が「演じてないように見えるけれど、彼はそうじゃないんですよ。もう、とても考えてらっしゃる」と。

だから、それはとても素晴らしいことだと思いましたし、ああいうふうになれたら、と思いましたね。

私が若いころは、やっぱり演じてなかったんじゃないかと思います。あれは、自分のその時々の気持ちでボンボン言ってて。それが逆によかったんでしょうね。いろんな時期がありますから。だから今、「演じていて演じていないように受け止めてもらえるような芝居」ができたらいいですね。

スタジオで撮影されたラッシュをのぞき込む吉永。

今なら、撮影したその場で映像を確認できる。

「映画が好きだから、新しい監督、スタッフと仕事するんです」

と吉永は微笑んだ。

「映画というもので、人の心を熱くしたり、感動させたりしたいと思うし、そういう仕事をやっているということは、私にとって本当に大切なかけがえのないことなんです」

出演オファーを断った前川清さん

日本を代表する映画俳優・吉永小百合の存在感をもっとも感じていたのが、夫役で共演した歌手の前川清さんだった。演技中、築山は前川さんが気の毒になるくらい緊張しているのを目撃した。
吉永と初共演となる前川さんに、共演の感想をきいた。

――吉永さんとの結婚式のシーンを終えてどうでした？

前川　死にました。もう死んでおります（笑）。僕、吉永さんと初めてなんですよね、こうした映画で共演というのは。まあ、僕なんかからすると、夢のような、まずあの正直に言って、お断りしたんですよ。吉永さんから（オファーが来た）ということはすごい嬉しいことなんですが、いやあ、僕は迷惑をかけるなって思ったんです。で、監督とお会いして「僕はやらないほうがいいですよ。映画がぶち壊しになるから」と言ったところから始まって。

自分の中で闘いはありました。僕も70歳という年齢になって、かえって恥をかくのもいいなとも思うようになって。

――実際に共演してどうでした？

前川　一応セリフは覚えてきたんですよ。ただ、吉永さんとやってると意識がなくなるんですよ、途中で。初めてのことでした、こんなの。

覚えているのは「あ……吉永さんだ」という意識。どうしても夫婦という関係というより、「吉永小百合だ」と。美空ひばりさんや石原裕次郎さんとか、吉永さんってやっぱりすごい人なんですよね。そういう自分の緊張感があって、今はもう迷惑をおかけしたんだろうという気持ちと、なんかホッとしたという気持ちというか、何なんでしょうね、この気持ちは。

――最初に撮影した病室のシーンは？

前川　いきなり吉永さんがベッドに寝ていて、僕が横にいて「大丈夫か？」と言うんだけど、台本は読んで想像はしてたはずなのに、どうしても「あ、吉永さんだ」という自分の思いが今でも夢のごとく、走馬灯のごとく、なんとも言えない。たぶんもう、3〜4年は寿命縮めたでしょうね。なんか、幸せと緊張といろんなものが自分の中でよぎっているというのは初めての出来事です。

今日の結婚式のシーンでは、天海さんもいらっしゃるわけですよ。いろんな役者さんがいらっしゃる中で、自分がセリフ言ってて、「あ……、何を喋っているんだ」という、自分がどこを喋っているんだ、という今までにない経験。「あれ、うわーすごい」という、まあ、今までにない初めての感覚でした。

山田洋次監督が知る吉永小百合

吉永は、1972年の『男はつらいよ　柴又慕情』に始まり、『男はつらいよ　寅次郎恋やつれ』(74年)、そして『母《かあ》べえ』(08年)、『おとうと』(10年)、『母と暮せば』(15年)と、山田洋次監督の5作品に出演している。

山田洋次監督にきいた。

――吉永小百合さんはどんな存在なんですか?

山田　吉永小百合さんは、特別な存在ですね、日本の女優の中では。

僕たちの目の前にいるのは、常に吉永小百合という人なんです。それはほかの女優さんにはまったくないものなんじゃないですか。

その存在は、日本に「労働者」と呼ばれる若者がいっぱいいた時代、働く若者たちの大きな希望になっていたんじゃないでしょうか。汗水たらして働いて、なけなしの賃金を手にして映画館に行く。満員の場内のスクリーンで吉永小百合を観て、その輝く瞳にうっとりと見惚れて、よし明日も頑張って働こうという気持ちにさせる、本当に輝く星のような存在だったんだと思います。

だから僕の「寅さん」シリーズでも、「いつかは吉永小百合をマドンナにしよう！」と、僕も渥美清さんもスタッフも全員が思ってましたね。

それで72年についに吉永小百合さんの出演が実現したんだけれども、いよいよ僕たちの「寅さん」に吉永小百合が登場するんだと思って、みんなどんなに嬉しかったかわからないな。松竹撮影所じゅうのスタッフが興奮して彼女を迎えた記憶があります。だから本当に特別なんです、あの人は。

――吉永さんとの映画作りではどんな喜びを感じられますか？

山田　彼女の素敵な人格に触れられるってことですかね。小百合さんの考え方、思想に触れられる。素敵な女優さんはたくさんいるけども、ちょっと別格の人ですから。

原爆の詩の朗読にしても、あの人は生涯の仕事として決めてらっしゃるでしょう。そういう小百合さんは、とても素敵だと思います。

美しいって顔かたちだけじゃなくて、彼女の感受性、思想、生き方も含めてのこと。それから彼女の人間観察、人生観、そういうものすべて含めて現在の吉永小百合像があるわけで、小百合さんが小百合さんであることは日本中のファンが期待してるものだから、その小百合さんにスクリーンを通して逢ってもらえることが喜びです。僕は小百合さんの企画だったら、いくつでも持ち出せますよ。だって、小百合さんと一緒に仕事することは、大きな喜びですから。

車に乗り込む吉永が唐突にきいてきた。

吉永「築山さん、おいくつですか?」

築山「僕ですか? 33になります」

吉永「若い! よして!」

築山「吉永さんが33歳のころはきっとお忙しかったですよね」

吉永「うーん。33歳、そのころは不本意な映画にも出てました。その後、34歳くらいから一生懸命仕事をするようになりましたね」

第二章

スター誕生

1万人のオーディション

ここからは、映画俳優「吉永小百合」の誕生とその軌跡をたどってみる。

1945年、終戦の年の3月13日——。

吉永小百合は三姉妹の次女として東京・渋谷区に生まれた。

父親は東大法学部卒業の役人で、母親はピアノ教師だった。

幼少期は、だいぶ活発な少女だったらしい。

「とにかく天真爛漫で、どんどん外に出かけて、男の子と石蹴りをしたり、かけっこしたりする女の子でした。けれどその反面、体がとても弱くて、半年間に2回肺炎で入院したこともあったんです」

家庭環境や持ち前の清楚な美しさから、一見裕福な家庭で育ったと思われがちだが、実際は違っていた。

役人だった父親が出版事業に進出し、その事業に失敗したのだ。

「借金取りが家に押しかけてくるんですね。あれはたぶん税務署だと思うんだけど、タンスなどの家具にぺたぺたと『差し押さえ』という紙を貼っていった。私は

『お父さまに対してなんて失礼なことするんだ！　私があの人たちをやっつけてやる！』って父に言ったらしいですね。父は体も弱かったし、母がピアノを教えて家計を支えているという感じでしたね」

彼女は新聞配達をして家計を助けたい、と母に申し出たのだが母の反対にあう。

「母は、『そんなことやらなくていい』って。母は貧しくても、それを絶対世間に知られたくなかったんですね。彼女は、すごく裕福な家で生まれ育ったので、貧乏はとても辛かったと思うし……。月々の給食費が払えないことがありました。すると、母が『忘れたと言いなさい』と言うんです。きっと先生はわかっていたんだと思うんですね」

そんな中、小学生のときに観た映画『二十四の瞳』（54年、木下恵介監督、高峰秀子主演）に出合い、感動を覚えた。

「私と同じくらいの12人の子どもたちが、映画の中で躍動していて、戦争でたくさんの方が亡くなっているんだけど、子どもたちはどんどん成長していって、それをあの高峰秀子さん演じる大石先生がとっても温かく見守っている――。感動して、ずっとバイブルみたいになっています」

そして小学5年生のクリスマス・イヴの日、ラジオドラマの『赤胴鈴之助』のオーディションに合格する。なんと1万人の中から選ばれたのは男の子ふたり、女の子ふたりだった。

「女の子で選ばれたのは、私と藤田弓子さんでした。『赤胴鈴之助』は子どもたちに大人気の漫画でした。で、偶然にも、鈴之助の恩師・千葉周作の娘が〝さゆり〟という名前……。オーディションでも『あなたの名前は本当にさゆりさんですね』と審査員に言われました。それで翌年から、有楽町にあるラジオ局に収録に行くようになったのです。ただ実際に映画俳優になりたいと思ったかどうかはわからないんですけど、小学校を卒業するときの作文に『私は将来、映画俳ゆうになりたい』と書いてるんですよね」

ここに、その作文がある。

私の将来　　　吉永小百合

——私は将来、映画俳ゆうになりたいと思う。今の映画俳ゆうは、ラジオに出ると、動作が無いので、とてもへたに聞こえる。でも私は映画でも、ラジオでも、じょうずだと言われるようになって、映画に出るとしたら、太陽族とか不良の映画には出たくない。でもそれはむりかもしれない。一流の映画俳ゆうになるには、その映画会社に、出なさいといわれた映画には出なくてはならないから。

私は、結婚したら俳ゆうをやめて、家の仕事をしっかりとやっていこうと思う。勿論、子供を生んで、女の子なら、ふだんはおとなしくても、かっぱつに発言の出来る子、男の子だったら、元気で勇気があって、いたずらをしない子供がほしい。

そして、おばあさんになったら、孫の洋服を自分でデザインして作ってあげたり、おかしを買ってあげたりして、みんなから好かれる、やさしいおばあさんになりたい。——

さらにこんな経験もあった。

「小学校の5、6年のときの担任の先生が演劇に非常にくわしい方で、特に児童演劇にね。学芸会で劇を演出してくれたんですね。その経験がかけがえのないもので、毎日授業が終わってから、放課後に稽古をやるんです。それがすごく楽しかった」

その児童劇「すずらんの鐘」で小百合は主役に選ばれた。

人間の仕掛けたワナにはまってしまい逃げられなくなった小百合演じる母ウサギを、子ウサギやキツネ、タヌキ、リスなどの仲間の動物が必死で助けようとする。しかしワナが足に食い込んで母ウサギは急激に衰弱していく。動物たちも途方に暮れていると、月の女神が現れ、動物たちの愛の深さに打たれて、母ウサギを解放してくれるという物語だった。

本番の学芸会も大成功だった。その後、学校のすぐそばにある医療少年院でも、小百合たちの劇は披露されたのだ。

「そしたら、観てくれた少年たちが泣いてたんですね。それで『わあ、この劇の力っていうのは大変なものなんだ』というのを感じました。また、演じながらカタルシス（感情が一気に浄化される感覚）を感じて、なんか俳優として表現することができないかしら、とちょっと思ったんですね」

そしてラジオ東京（現ＴＢＳ）の連続ドラマ『赤胴鈴之助』の収録が始まる。

月曜から日曜日まで毎夕放送される20分の放送劇である、1週間に2時間20分の分量を録音しなければならない。毎週2回、夕方から夜中にかけて、子どもにとっては徹夜に近いかたちで収録は行われた。

「今なら許されないけど、深夜の2時、3時くらいまでかかったんですね。その当時、有名な忙しい俳優さんたちばかり（大平透、宝田明、山東昭子《さんとうあきこ》など）が出演してらしたんで、とにかくその方たちがほかの仕事を終えてからじゃないと始まらない。だから大変なんですね。それでいつも眠いな、って感じてました。次の日学校に行くのがとっても辛かった。でも母親に『行きなさい』と家を追い出されて泣く泣く登校してました」

眠くても、収録のたびにソフトクリームを食べられるのは嬉しいことだった。時折、局のロビーに映画スターが座っているのを見るのも楽しかった。

「そうそう、赤いベレー帽をかぶった岸惠子さんの美しい姿は今でも、私の心に残っていますよ」

『赤胴鈴之助』は人気を博し、放送は延長され1年以上続いた。

さらに、テレビ化もされて、小百合もラジオとは別の役で出演した。

映画デビュー、そして日活へ

その2年後、小百合は映画に初出演をすることになる。

たまたま児童合唱団の先生に発声を習っていたことが縁で、まず、松竹のプロデューサーから「今度作る映画で少女役を募集している」ということで面接を受け、合格したのだ。

それが小百合の映画デビュー作『朝を呼ぶ口笛』(59年、生駒《いこま》千里《ちさと》監督)だった。

さらに中学3年のとき、小百合の知らないところで、映画界入りの話が進み、日活に入社することになる。

受験勉強を必死で頑張り、希望の都立高校に合格できた矢先のことだった。母親に「高校は毎日きちんと行きたい」と伝えていたのだが、「学費ぐらいは自分で稼いでもらわないと」と言われ、何も言えずに日活への入社が決まってしまったのだった。

日活では月給が1万円で、映画1本に出演すると2万円の出演料という条件だった。当時のサラリーマンの平均月給が1万7000円ほどだから、普通の高校生ではとても稼げない額である。

小百合が60年に入社した日活は、戦前からの歴史はあるが、戦後はほかの会社に遅れて映画制作を再開した「若い会社」だった。

入社後は、赤木圭一郎主演の『拳銃無頼帖　電光石火の男』（同年、野口博志監督）に出演、この年、早くも初主演作『ガラスの中の少女』（若杉光夫監督）が作られる。その相手役・浜田光夫とのコンビが人気を集め、以来40本以上の作品で共演している。

『キューポラのある街』で人気絶頂に

1960年に公開された小百合の出演映画は8本、61年にはなんと16本、62年10本、63年には11本の出演作が発表されている。

「青春映画がほとんどでした。浜田光夫さん、松原智恵子さんたちと同級生とか恋人同士とかいろいろやりましたね。やってて全然無理がない。自分の年齢に合った役が多かったから、深く考えずに楽しく演じていました」

そして61年秋、彼女は運命的な映画『キューポラのある街』と出合う。

監督は、今村昌平監督のチーフ助監督だった浦山桐郎《きりお》だった。

小百合は、会社の食堂で浦山と会った。すると浦山はいきなり、

「僕は初めて映画を撮ります。できればオーディションをして、一般の人を、素人の人を使って撮りたいんだけど、会社の上層部から吉永・浜田でやれと言われて困っとるのよ。僕はふたりを知らんから、一度会わせてくれと頼んだんです」と言う。

小百合は「そうですか」としか言えなかった。すると、浦山は、じーっと観察するような目で小百合を見つめて、「もっとニンジンみたいな娘がいいんだけど……。君は都会的だなあ、東京の出身か？」と尋ねた。小百合はただうなずいた。

それでも出演が決まり、再び浦山とまた会うと、

「貧乏について考えてごらん」と言われた。

とっさに小百合は「私の家も貧乏です。貧乏はよく知っています。私、自信があります」と答えると、「君のところは山の手の貧乏だろ。下町の貧乏っていうのがあるんだ」と浦山が言った。

その違いがわからないまま、61年11月、埼玉県川口の町にロケに行った。当時の川口は鋳物の町。キューポラという独特の煙突から煙が上がり、溶鉱炉は真っ赤に燃えていた。

工場に働く父親は職場で足を怪我して、やがて職を失う。娘のジュン（吉永）は高校への進学を諦めきれずに、悩みながら成長していく――。そんな物語だった。

「結局、浦山さんの言葉の意味がわかったのは、撮影が始まってからでした。考えながら役を演じるのは初めてでしたね。ジュンの家の貧しさを思い、自分の生い立ちと比べながら、私は中学3年生のジュンの心の中に、少しずつ入っていきました」

そして、東野《とうの》英治郎や加藤武などのすごい俳優の演技を目の当たりにし、16歳の少女は映画の持つ意味を考えるようになった。

映画『キューポラのある街』の大ヒットで、彼女の人気は絶頂となった。

このヒロイン役で62年、第13回ブルーリボン賞主演女優賞を受賞。この受賞は、史上最年少記録だった。また同年、橋幸夫とのデュエット曲『いつでも夢を』が大ヒットし、「第4回レコード大賞」を受賞している。

この本をぜひ映画にしたい

この映画や歌の大ヒットに続き、石原裕次郎と共演した『若い人』（1962年）、浜田光夫とのコンビの『青い山脈』『泥だらけの純情』、高橋英樹との『伊豆の踊子』（いずれも63年）、三島由紀夫原作の『潮騒』（64年）など次々と話題作に出演した。

さらに、64年9月19日、東京オリンピックを3週間後に控えたこの日に公開された『愛と死をみつめて』は、日活史上、興行成績ナンバーワンを記録する大ヒットとなった。

この原作は、63年に出版された大島みち子さんと河野実《こうのまこと》さんの同名の往復書簡集だった。軟骨肉腫に侵された大島さんが、21歳で亡くなるまでの3年間、「ミコ」と「マコ」と呼び合って交わした400通に及ぶ手紙が収められている。

この本の映画化には、小百合が大きくかかわっていた。

原作を読んで感動した小百合が、「どうしてもやりたいと会社にお願いした」のである。

監督は、齋藤武市《ぶいち》。小百合が出演した『ろくでなし稼業』（61年）、『若い東京の屋根の下』『波浮《はぶ》の港』（ともに63年）、『浅草の灯《ひ》　踊子物語』（64年）でも監督を務めていた。

相手役は、名コンビの浜田光夫。そして父親役は笠智衆だった。

この『愛と死をみつめて』では小百合にとって、忘れられない出来事があった。それは映画が公開されたあとで、亡くなったみち子さんの家に泊めてもらったことだった。

「おうちにうかがうと、お母さんから『今日一日、みち子になってください』と言われて、お父さん、お母さん、妹さんとお食事をして。みち子さんが生前着ていらした着物を着て、みち子さんのお部屋で寝ました」

60年代後半になると、テレビに押されて映画作りがだんだん厳しくなっていった。そういう意味では、『愛と死をみつめて』は、この時代が作らせてくれた映画だったのかもしれない。

日記に綴られた苦しみ

しかし、このころから周りの評価とは裏腹に、小百合は人知れず悩み、苦しみを抱えていた。

かたわらには常に母親の存在があった――。

彼女に決められたレールをただ走る日々。

撮影は連日深夜に及び、高校も中退を余儀なくされた。

当時の日記には、こう記されている。

「私は、生きている限り演技している。生のままの自分などというものは、とうの昔にどこかに葬られてしまったのだ。吉永小百合は〝魂の抜けた人形〟――」

「母は自分が音楽をやっていたので、私にも音楽の道に進ませたいという思いがあったと思うんですね。なにしろ、そういう芸術的なものに対する造詣が深い人でしたから。だから、私が映画俳優として活躍することも嬉しかったんじゃないでしょうか。でもその一方で、私自身は、『このままでいいんだろうか』という思いが少しずつ出てきていたんです」

撮影所の中だけじゃなく、もっと社会を知るべきじゃないかという不安もあった。

1964年、小百合が19歳になったとき、会社に組合ができて、組合の規定として「原則夕方3時に撮影が終わる」ようになった。

「これなら夜間の大学に行ける」

そう思った小百合は、高校中退ではあったが、その夏の大学入試検定試験を受け、早稲田大学第二文学部に入学する。

「私は資格が何もなかったんで、もしできたら『二十四の瞳』の大石先生のように教師になりたいと思った。だから教職課程をとっていれば安心だと思ってた。ところが、教職をとるには、たくさん授業に出なきゃならない。そうでなくても大変なのに、だから教職は挫折したんです」

20代――、女優としての彼女を待ち受けていたのは、「大人の女性を演じる」という想像もしていなかった壁だった。

「10代は年齢そのままに演じてとっても楽しかったし、素敵な映画にたくさん出演したという実感もありました。だけど、20代になったら、自分自身が大人の俳優に成長しなきゃいけないのに、それができなくて、すごく中途半端な役をやったり、芝居も中途半端で、ちょっとダメだなという感じでした。それに映画の世界もテレビに押されて、だんだん大ヒットするものが作れなくなってきていた時代になっていったんですね」

この当時、五社協定という日本の大手映画会社5社による専属監督・俳優らに関する協定があった。これは、各社専属の監督・俳優の引き抜きを禁止し、監督・俳優の貸出特例も廃止するというものだった（71年に自然消滅）。

しかし、60年代後半の日本映画は、深刻な観客離れに直面していた。日活は69年に撮影所を売却、71年には映画制作を一時中断し、ロマンポルノ路線に転向していった。

「大人の俳優になれない自分に腹が立っていました。一方、松竹は女優さんたちが素晴らしい映画を撮っていたんだけど、五社協定があったために、そちらに出演することはご法度でした。そのとき、父が事務所の社長になって、独立するような、しないようなかたちを勝ち取って、松竹の映画に出演できたんです。でも、ぜんぜんダメでした」

70年、彼女は松竹大船製作の『風の慕情』（中村登監督、共演は石坂浩二）と『青春大全集』（水川淳三監督、共演は竹脇無我）に出演している。

それからも「大人の女性」を演じるチャンスは何度もあったのだが、自分で観ても映画になったときによくなかったと言う。

「それはもう辛い日々でした。そんなときに、中村錦之助（後の萬屋錦之介）さんの『幕末』（70年、中村プロ）という映画に出演させていただいたんです。時代劇は『伊豆の踊子』を除けば初めてのことでした。坂本龍馬の恋人で後に妻になるお良という役。監督は伊藤大輔さん。この伊藤監督に着物の着方を『なんだそれは？』とダメ出しをされたんです、でも、どこがダメだと言ってくれない。衣装さんと話しても『なんだろうね』っておたがいわからなくて泣きそうになっていました。そしたら最後に『もっとね、その当時の着物の着方を勉強しなきゃ駄目だ。ゆったり着るんだよ』って。で、なるほどと思ったんですよ。生活の中で着物を着るというのはこういうことなのかと、初めてわかったんですね」

第三章

第2の映画人生へ

声が出ない！

1970年代に入ると、テレビ出演も増え、吉永はただただ忙しい日々を送る。

「映画があまりいい作品がなくて、一方でテレビはどんどん新しいものを作っていたので、テレビに出るようになっていました」

しかし、尋常でない忙しさを体験してしまう。

「京都の撮影所で『女人平家』（TBS系）という時代劇のテレビ映画の撮影のため、週4日間行っていました。そんなときに、『花は花よめ』（日本テレビ系）というホームドラマの話があって、『なんかそれ、面白そうだな』って、これは私が悪いんだけど、引き受けてしまったんですね。そしたら、週7日ではなく、週8日間仕事になってしまった。新幹線がなくなると車で京都まで行って、仮眠して、朝早く撮影所に行って、時代劇の扮装をして4日間の撮影。4日目の午前中の撮影が終わると新幹線で東京に戻り、『花は花よめ』の現場という感じで。それでやっぱり体調を崩して声が出なくなってしまったんです」

悲惨だった。声が完全に出ないわけではないのだが、自分の思うような声でセリフが喋れないのだ。辛くて辛くて、毎日泣いているような日々だった。

「原因は、過労とストレスですね。ストレスのほうが大きかったかもしれません。親がマネジメントするようになって、いろんな仕事、テレビ映画とか、全国縦断の歌のリサイタルとかも決まり、とても慌ただしくなってました。何か違う、これではいけないんじゃないかと思うようになってました」

いくつ病院に行っても原因がわからない。そして最後に診てもらったのが声楽家などの声のスペシャリストの医師だった。

「そうしたら、『これは、脳が声を出しなさいって命令をしてないんだ』と言われました。『声帯をきちんとコントロールすることを拒否している。だから、そこを治さないとダメなんだよ』って。『僕がご両親に話してあげようか』ということまで言ってくださったんですね。『いや、大丈夫です。自分でやります』と。でも結局、言えなかったんですけどね」

なんとか半年間の2本のドラマを終えたのだったが、「このままではいけない」という思いは募るばかりだった。

渥美清さんの言葉に押されて

1972年、吉永は山田洋次監督の『男はつらいよ　柴又慕情』に出演した。それは、声の調子がいちばんひどいころだった。

撮影があった松竹の大船撮影所は、映画デビューした『朝を呼ぶ口笛』に中学生のときに出て、その後も『風の慕情』などでも通った馴染みのある撮影所だった。

「だから出演のオファーはとても嬉しいお話でした。その反面、ほかの作品と違って『男はつらいよ』には、チームというか、一家というか、そういう感じが強くて『とらや』のみなさんが顔を揃えている中に、独りぽんとゲストで入っていくのに緊張感がありました。でも、それを和らげてくれたのが、山田監督と渥美さんでした」

翌日の撮影に備えて、撮影所近くの旅館に泊まることになっていた。すると、監督から彼女宛に手紙が届いていたのだ。

「そこには『明日の台詞を覚えるんじゃなくて、とらやに遊びに来るような気持ちでセットに入ってください』って書いてあったんです。ああ、そういうことなのねってほっとして、少し気が楽になりましたね」

渥美清とは初共演だった。

実際に会った渥美は寅さんの雰囲気とは違って、クールでしっかりといろいろな芸術を求めている人だった。

「お体が弱いから、ご自身は運動することはできないわけです、だからそのぶん、いろんなものを見ることで吸収しようとしてらっしゃるんです、都はるみさんの歌から新劇まで幅広くめちゃめちゃよく見てらっしゃるんですね。そして私に『役者なんてさだめのないもの。だから、何年も先の仕事を決めるもんじゃない。ふらっと出会った作品の中で自己表現していくものなんだ』とおっしゃったんですね」

そして、撮影の合間に「自分の人生を変えなきゃ」と思わせるような話もしてくれた。

「それは渥美さんが、羽仁進監督の『ブワナ・トシの歌』(65年)に出演し、アフリカでロケしたときの思い出でした。テントで生活していて、夜中に用を足そうと外に出たら、満天の星が降ってくるようだったという体験を、渥美さん独特の語り口で話してくださったんです。私はそういうことと離れすぎているな、と反省しました。山が好きで、学生時代には友人たちと山に登ったりしてたんですけど、だんだんそういう時間もなくなってしまっていた。だから、『私も少しそういう思いをしなきゃいけない』と、そのとき感じたんですね」

「私、この人と結婚したい」

そんな辛い時期に、彼女は当時たまたまつきあっていた男性に、「もっと人間らしい生活をしないと、私はダメになる」と訴えた。

すると、その人は「一生懸命やれば、見る人はきっとその思いをわかってくれる。だからそんなに悲観しないでやりなさい」と言われた。

「それでとても励まされて、嬉しくて『私、この人と結婚したい』と勝手に思うようになったんですね。それから2年ぐらいで押しかけ結婚してしまいました」

その相手は、15歳年上の当時フジテレビのプロデューサーだった岡田太郎だった。

吉永が初めて岡田と出会ったのは、彼女がまだ19歳のときだった。

映画『愛と死を見つめて』の封切り後、テレビのドキュメンタリーを撮影するために、彼女はヨーロッパに行った。そのとき同行したのが、本来はドラマのディレクターを務める岡田だったのだ。

その後、岡田の演出で、加藤剛《ごう》と『また逢う日まで』（１９６６年、フジテレビ）、山本圭と『その時、私は……』（67年、フジテレビ）という社会派のドラマに出演した。

そして73年、28歳の吉永は突然の結婚発表を行い、日本中を驚かせたのである。当時の記者会見の映像で、岡田が吉永をこう紹介している。

「ただいま現在、岡田小百合ということになりました。私の妻でございます――」

日本中のファン、いわゆる「サユリスト」たちが一斉に肩を落とした瞬間だった。

吉永はそのときのことをこう話した。

「名前が変わらないとダメなんだということを強く思っていたので、人間に戻るというか、それで強行したんですね。そのとき初めて親に『NO』と言ったんです」

しかし、晴れの席に両親の姿はなかった。

吉永は、事務所を辞め、すべての仕事をキャンセルした。もう映画の世界に戻れなくてもいい、とまで思っていた。

「両親はがっかりしてました。うちは全部娘なので、もし結婚するなら婿をとりたいと思ってたようなんですね。そのことでは今でも申し訳なかったと思うんです。

すごい積み重ねでいろんなことがあって、ストレスが溜まっていて。もし、親とちゃんとコンタクトをとって『私は今、こんななのよ』って伝えてさえいれば、きっと両親もあれほど驚いて拒絶することもなかったんだと思うし……。だから、言えなかった私が悪いんですね」

声が出なくなったころ、吉永小百合事務所では、20人近い人たちを雇っていた。その給料を出すためにも、吉永は常に働いていなければならなかったのだ。

1年間の完全休業――。

声のこともあったため、結婚を区切りに、1年間仕事はまったくしないで、家のことをやろうと決めた。

「小学校6年からずっと仕事をしていたし、他人のために何かをするということがなかったんです。料理も目玉焼きしか作ったことがなかったし、だから家事が楽しくて、親類が校長をしている料理学校に通ったり、銀行に行ったり、魚河岸に魚を買いに行ったり、旅行に行ったり、とても開放されたんですね。そんな中で、人間らしい生活を、自分は今してるんだな、ということをしみじみ実感しました」

夫は、つねづね「女性は結婚後も仕事を持つべきだと思う」と話していた。

しかし再び、コマネズミのように働きずくめで、人間らしい生活の時間を持てないような日々になるのは嫌だった。

ゆっくり、のんびり、仕事しようと思った。


結婚から1年経ったとき、まずTBSのテレビドラマ『下町の女』に出演した。そして『男はつらいよ』の山田洋次監督と、『キューポラのある街』の浦山桐郎監督から、ほとんど同時に出演依頼がくる。

『男はつらいよ』では、前作の「柴又慕情」で吉永演じる歌子は親の反対を押し切り、名もない陶芸家と結婚したのだが、このときの「寅次郎恋やつれ」では、その夫と死別してしまった歌子と寅さんの再会からドラマが始まったのだ。

「ひどいでしょ。新婚の私にね。混乱の中で結婚し、慣れない家事に没頭し、すっかり所帯やつれした私がスクリーンに映し出され、われながら驚きました」

一方の浦山監督の作品は『青春の門』だった。

「これは、脚本を読んだ時点で、どう考えても私の役じゃないと思いました。『たとえば、倍賞美津子さんのような、私よりもっと女っぽくて、かつパワフルな方じゃなきゃ無理です』と何度も断ったんです。それでも浦山さんに説得されて断りきれなかったんですね。出来上がった映画を観たら、やっぱり私の役じゃなかったと思いました」

うまくいかなかったという思いから精神的にダメージを受けた。それに加え、そのころは「どうしてもやりたい」と思える作品にめぐり合えなかった。

しかし、しばらくして「吉永小百合」の運命とも言える映画と出合う。

映画人生を変えた『動乱』

それは高倉健と初めて共演した『動乱』だった——。

1979年3月。吉永は北海道の最北端に近いサロベツ原野にいた。『動乱』の撮影初日だった。

一面の雪景色。限りなく続く原野には、日本海を渡って、シベリアから風が吹いてきて、凍てつくような寒さだった。

『動乱』は、1936（昭和11）年の二・二六事件を題材にした作品だった。

高倉健が陸軍の将校、当時の貧しい農民たちを救うために立ち上がった宮城大尉に扮した。吉永の演じる薫は、寒村から借金のカタのため苦界に身を沈めた女。絶望の中、満洲の娼館で自殺を図り、見せしめのために雪原にさらされていたところを、宮城大尉に救われる——。

「サロベツ原野が満洲に見立てられてロケ地に選ばれたんですね。見渡す限り雪に覆われ、白一色の世界でした。その雪原で私は、長襦袢《ながじゅばん》一枚、しかも裸足で演技したんです。寒いのなんのって。昼休みになると、スタッフとともにロケバスに駆け込みました。ホカホカのカレーライスを夢中で食べ終え、ほっとして窓外の雪景色を見渡すと、ポツンとひとり、軍服を着て立ったまま食事をしている人がいました。それが高倉さんだった……」

なぜ暖をとらないのか、吉永は不思議でならなかった。

そして撮影を続けるうちに気づいたのだ。

「高倉さんは、酷寒の地に任務する将校になり切るために、一日中雪原に立っておられたんです。すさまじい役作り。その後も見事な集中力に、私は圧倒され続けました」

撮影は雪の北海道で始まり、桜の季節、蟬時雨の夏を経て、錦秋の十和田湖で終わった。

「森谷司郎さんという、本当に頑固一徹なんだけど、素敵な映画を撮られる監督さんと、1年間かけて作った映画です。一カットずつ丁寧に、スタッフ、キャスト全員の力をひとつにして完成させたんです」

吉永は、この映画の中でとても好きなシーンがあると言う。

「薫を救った宮城大尉は東京に戻ったあと、薫を自分の妻にするんですが、妻の体に触れようとしないんです。宮城大尉の恩師をふたりで鳥取に訪ねた帰り道、薫が砂丘で抑えていた感情を爆発させる場面です」

宮城　「一緒に東京へ帰ろう」
薫　「東京に帰って、何があるんですか」
宮城　「――」
薫　「(激しく泣いて) 食事を作って、掃除をして、夜が来たら独りで眠って――、わたしの体は汚れているから、だから抱けないんですか?」
宮城　「――」
薫　「(財布から小銭を摑んで突き出す――) このお金で私を買って…東京へ来いというなら、わたしを抱いて――」

薫、羽織を脱ぎかける。宮城、薫の頬を強く打つ。

海鳴り。

薫、慟哭《どうこく》する。

宮城大尉の表情に、初めて人間的な弱々しさが浮かぶ。

宮城「――一緒に帰ってくれないか」

薫「――」

宮城「そばにいてほしいんだ」

「……好きですね、あのシーン。私はそれまで、負の部分を出していく役というのが少なかったですから、こういう『過去を背負った女』はやりがいがある、と感じたんです。出来上がった作品を見ると、一途な女心は出せたけど、苦界に身を沈めていた女のぬぐいきれない過去までは出せなかった、という思いがしますが……、精一杯演じた満足感はありますね」

1年という異例の長さの撮影期間。

吉永は、高倉にほだされるように、役になりきり1年間をすごした。

前に述べたように、そこで不思議な感情が湧き起こってきたと吉永は言う。

「高倉さんの受けの芝居、そしてその芝居を受け止めて私がまた喋って、というキャッチボールをやっていて、なんかこう、震えるような感動があったんです」

そして映画史に残るシーンが生まれた。

ワンカットおよそ3分、二・二六事件の首謀者として処刑される将校とその妻・薫……夫婦の永遠の別れ――。

宮城　「許してほしい。君を妻にしたことを……。君を独りで残していくことを……」

薫　「あなた、私は……」夫を見上げる。

宮城　「私を許してくれ」

薫　「私は幸せです。あなたの妻になって……」

「監督の『カット』の声も聞こえず、私はただずっと泣き続けました」

吉永は、この『動乱』こそが俳優を続けていくうえで、大きなターニングポイントになったと言う。

「本格的な映画との出合い、本格的な俳優さんとの一対一の芝居、どう相手は喋ってこちらがどういうふうに受け止めるか——そのかけがえのない演技の時間というのは今も忘れられません。貴重なものですね」

心のうちが満たされ、感情がこぼれ落ちた——。

市川崑監督の魔術

さらに、吉永にとって大きな影響を受けたのが、巨匠・市川崑《こん》監督との出会いだった。

文芸作品から娯楽作品、またドキュメンタリーまで幅広く手がけてきた市川監督の作品に初めて吉永が出演したのは、『細雪』（1983年）だった。

谷崎潤一郎の同名の長編小説を原作にしたこの作品は、昭和10年代の関西を舞台に、かつては大阪・船場で栄華を誇った商家の美しい4人姉妹が織りなす物語だった。

吉永が演じるのは、口数が少なく、はっきりと意思表示をしない雪子。出演依頼を受けたときは、「あまり面白くないなあ」と思ったらしい。

「脚本を読みましたが、今ひとつ確信を持てないまま撮影に入ったんです。今にして思えば、脚本に描かれていない、黙っているところでの芝居が面白かったんですね」

撮影が始まり、最初のシーンから戸惑う出来事があった。

監督が、撮影した色が気に入らないと、何度も撮り直しになったのだ。

自分が演じている役がどんな人物なのかさっぱりわからない。どう演じたらいいか迷っていると、監督が近づいてきて、「こういうふうにしてや」とクチュクチュと囁く。それを聞いて演じるうちにだんだん乗ってくるのだった。

「市川監督の映画では、心を作ったりしなくていいんです。かたちで表す。かたちで表したものを、監督がご自分で積み重ねて編集していくわけですから。監督が俳優に注文されるときは、必ずそばに来て、ボソボソっとおっしゃるんです」

その反面、監督は技術的なことにはとことんこだわっていた。ルーペで明暗をチェックしたり、照明の光と影に関しては神経質そのものだった。いろんなテクニックを駆使して、芸術作品を作っていこうという姿勢が伝わってくるのだった。

その言葉にもうぼろっと、騙されたというか、「あ、それ面白いな」と思ったんですね。やらないで後悔するより、当たって砕けろと思った

この『細雪』に続いて、宇野千代原作の『おはん』で再び市川監督に出演依頼を受ける。

そして市川監督との3作目が『映画女優』（87年）だった。

これは映画監督でもある新藤兼人《かねと》による『小説　田中絹代』が原作だった。

「田中絹代さんといえば、素晴らしい方だというのはもちろん映画を観て知ってました。日活時代、私が18歳くらいのときに『光る海』という作品で、特別出演して

くださって。親からも〝粗相がないように〟と言われました。貫禄に圧倒されて震えっぱなしでした。NHKの大河ドラマ『樅ノ木は残った』（70年）でも共演しました。声が出なくなった『女人平家』でもご一緒させていただいて、田中さんが乳母で、私が平清盛の娘の役をやらせていただいて。私が疲れてギリギリに撮影所に入ると、もう早くから支度して待ってらして、『おはようございます』っておっしゃって、恐縮しっぱなしでしたね」

吉永にとって田中絹代という女優はあまりに偉大な人だった。

「田中さんのすごいと思ったところは、ご自分の前歯を抜いて『楢山節考《ならやまぶしこう》』に出演されたり、70歳前にお亡くなりになったんですが、病床でだんだん目が見えなくなってきた時に、目が見えなくてもやれる役はあるんだろうかっておっしゃった。その話はドーンと胸に響いてきました。うーん、そこまで私はできない。だから、とても田中絹代さんを演じるわけにはいかないとお断りしたんです」

すると、〝映像の魔術師〟の市川監督が「田中絹代でもない、小百合ちゃんでもない、ひとりの映画女優をあなたと僕のふたりで作ってみようや」と言ったのだ。

「その言葉にもうぼろっと、騙されたというか、『あ、それ面白いな』と思ったんですね。やらないで後悔するより、当たって砕けろと思った。田中さんのような演技者にはなれないけど、市川監督に指導していただいたら作っていけると感じました。おかげで私にとっては市川監督とすごした時間は、濃厚なものになりました」

『映画女優』は、87年1月に公開された。その2ヵ月後に吉永は42歳になった。

42歳といえば、やはり美人女優として人気だった原節子が、最後の映画作品に出演した年齢である。田中絹代もその年齢でとても悩んだと聞いた。そして実際、吉永自身もやはりずいぶん悩んだ。

「舞台の女優さんだったら、年齢というのはそんなに関係ないですよね。たとえば杉村春子さんは年をとっても、10代の少女から歳を重ねたところまでひとつの舞台で演じられたわけです。もちろん演技力ということもありますけど、映画の場合は、なかなかそれは難しい。でも、この『映画女優』に出たことで、自然なかたちで映画にかかわっていくことが、自分にとっていちばんいい生き方だと思えるようになりました」

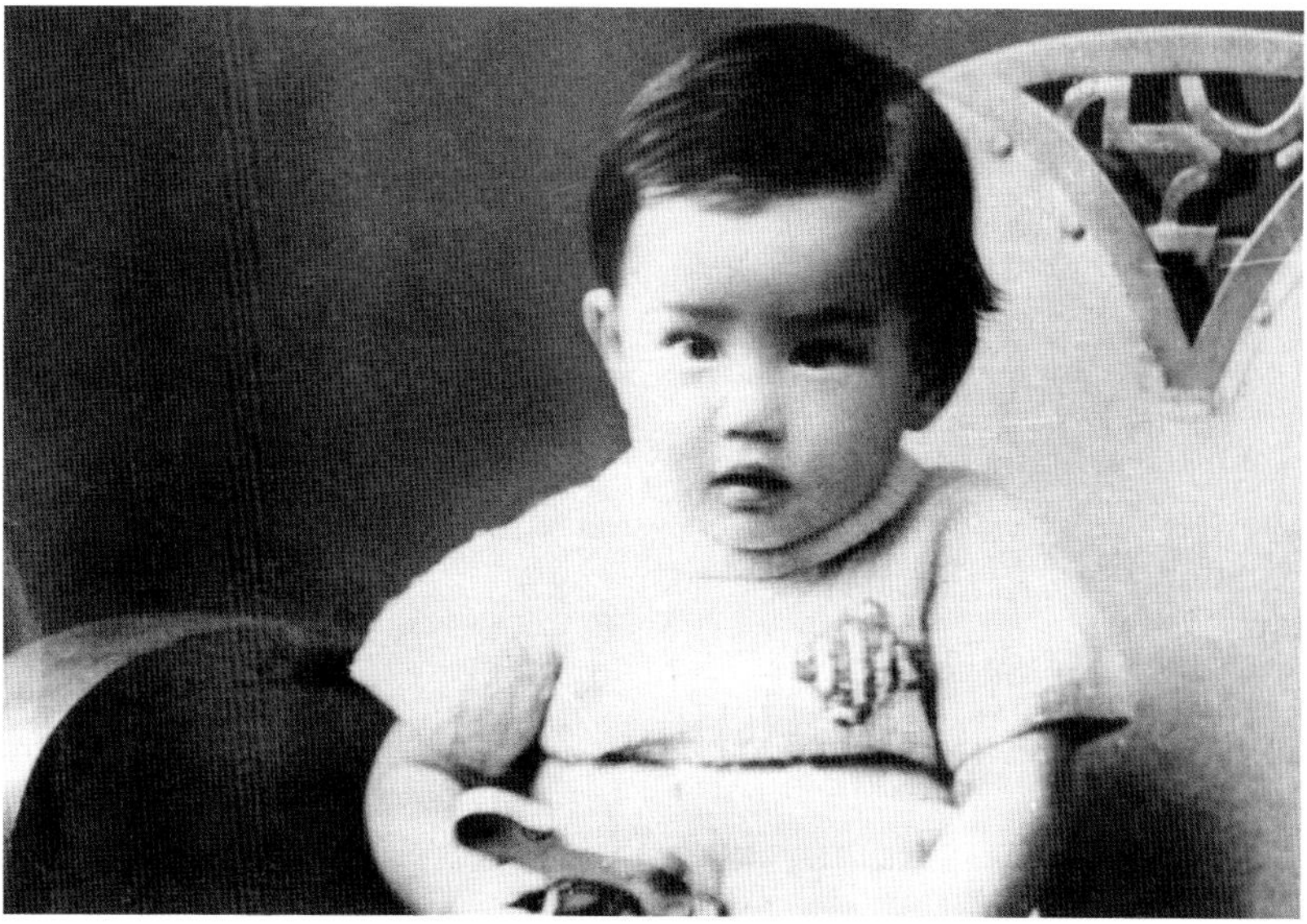

上●生まれて初めての写真。1歳のとき
下左●ラジオドラマ『赤胴鈴之助』の収録が始まった小学6年生当時。
番組は大人気で芸能界入りのきっかけとなる
下右●都立駒場高校に入学した15歳のころ。初主演映画『ガラスの中の少女』(1960年)が公開。
どんどん多忙を極め、通学が困難な状態になっていく/以上写真:KODANSHA

上●1969年、早稲田大学の卒業証書を手に。
仕事と両立しながらも次席の成績を収めた／©マガジンハウス
左頁上●28歳のとき、当時フジテレビのプロデューサーだった岡田太郎さんと結婚。
披露宴には報道陣が300人以上押し寄せた
左頁右下●10代半ば、瞬く間に青春映画を代表する女優となる。
日活で年間10作品以上の映画に出演していたころ
左頁左下●記念すべき100本目の映画作品『つる－鶴－』（88年公開）。
撮影現場で市川崑監督と語らう一幕／以上写真：KODANSHA

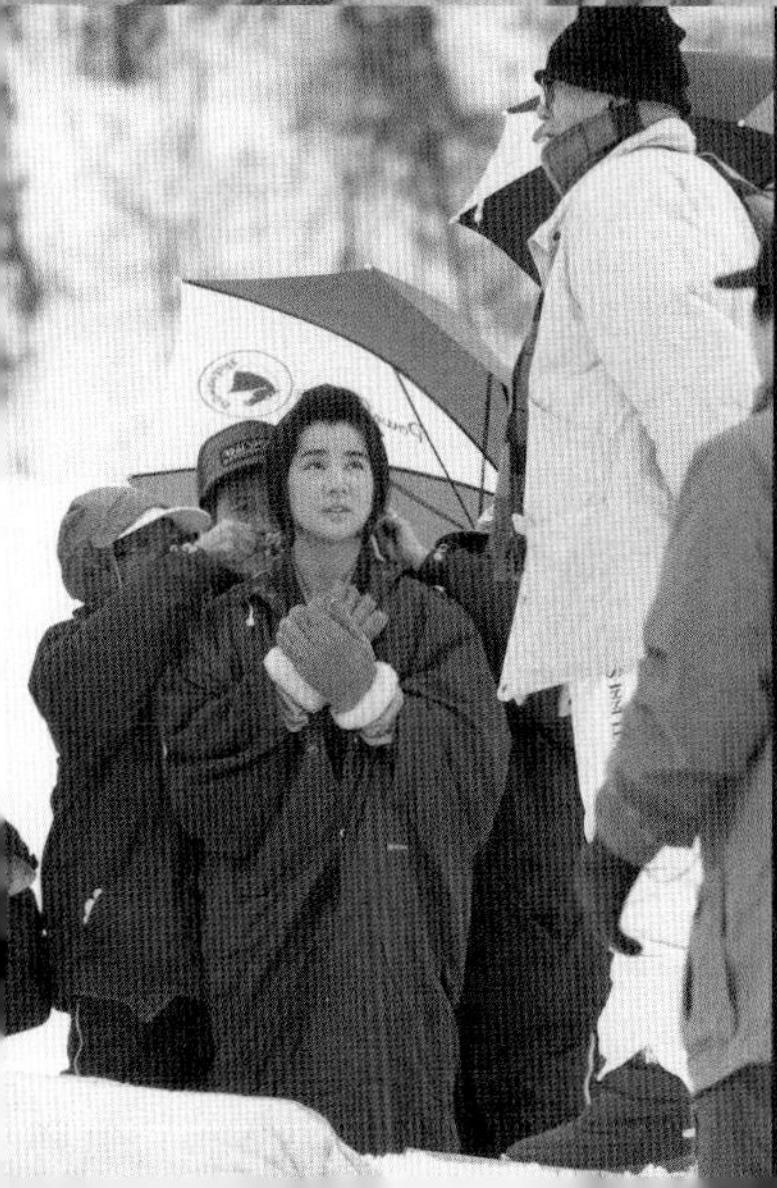

1962年、日活入社3年目に出演した
『キューポラのある街』が、早くも代表作になる。
共演者の浜田光夫さんとのワンシーン／©日活

『愛と死をみつめて』(64年)の撮影現場。
右から父親役の名優・笠智衆さん、齋藤武市監督。
原作を読んで感動した吉永が映画化を提案／©日活

『愛と死の記録』(66年)は吉永にとって原爆をテーマにした初の映画。
渡哲也さん演じる被爆した恋人との悲恋物語／©日活

『悲しき別れの歌』(65年、西河克己監督)の撮影が行われた米沢にて。
一身に注目を集めるのはいつもながらのこと/©マガジンハウス

1972年、山田洋次監督の『男はつらいよ 柴又慕情』。
シリーズ初出演となったマドンナ役で、主演の渥美清さんと／写真提供：松竹

『動乱』(80年)で高倉健さんと初共演。
健さん演じる陸軍の青年将校に、雪原で死にかけたところを救われるシーン／©東映

『夢千代日記』(85年)。左から芸者姿の斉藤絵里さん、吉永、樹木希林さん。
テレビの大好評シリーズの締めくくりは、浦山桐郎監督による映画化だった／©東映

余命わずかな母親役を演じ、引きこもりの息子の部屋のドアを叩き
語りかけるシーン。右は夫役の前川清さん。
／©2019「最高の人生の見つけ方」製作委員会

神父役を務めるムロツヨシさん（左から2人目）と夫役の前川清さん（右）。
病気の少女に代わってウエディングドレスに身を包む
／©2019「最高の人生の見つけ方」製作委員会

そのたった一つの台詞を譲らなかったのを見て、私は小百合さんのことを認めましたよ。撮影はストップして現場は混乱しましたけど——樹木希林

希林さんが認めてくれた一つの台詞

吉永は「常に次の作品を自分の代表作にしたい」という思いを今も持っていると言う。

「だって、そうじゃないと、そこでもう終わっちゃうような気がするんですよ。自分の映画に酔いしれないようにしたいと思うんですけど、どこまでやれるかはわからない。希林さんなんかは近くで見ていて、とても素晴らしくて、とても平易な感覚で、ひょいと映画の現場に現れて、撮影して、そこで圧倒的な芝居をする——。

私にはとてもできないことなんだけど、希林さんが何年か前から映画に傾倒して、映画なら自分のいろんなものを残していけるということをおっしゃっていた。だから、私もそういうかたちでやれるところまでやりたい、ということです」

吉永と樹木希林といえば、テレビドラマ『夢千代日記』、またその映画版でも共演している。

映画版の監督を務めたのは、浦山桐郎だった。

この『夢千代日記』は、NHKの『ドラマ人間模様』で放送された三部作のテレビドラマで1981年、82年、84年に放送されている。

これは兵庫県の温泉町（現・新温泉町）を舞台にしたドラマで、主人公の夢千代は母親の胎内にいたときに、広島で被爆した胎内被爆者。原爆症を発症しており、余命3年と宣告される。物語は、その夢千代を取り巻く人々の生き様を描いている。

樹木と吉永のふたりの対談がある。（吉永小百合著『夢の続き』集英社文庫より）

樹木　映画版の『夢千代日記』は、『キューポラのある街』の浦山桐郎さんが監督されましたけど、あのときにも浦山さんとの間で、小百合さんが決して、譲らなかったことが一つあって。

吉永　「ピカが怖い」という台詞《せりふ》でしたね。

樹木　「ピカが怖い」という夢千代の台詞を、浦山さんは「ピカが憎い」といってくれ、と。でも、そのときに小百合さんは、「ピカが怖い」というのが夢千代で、「ピカが憎い」とはいえませんと、最後まで監督に対して譲らなかった。確かに「怖い」と「憎い」では、夢千代の人格が違ってしまいます。あそこで「ピカが憎い」といってしまったら、百戦錬磨、どこでもやっていける女なんです。だからあそこで、そのたった一つの台詞を譲らなかったのを見て、私は小百合さんのことを認めましたよ。撮影はストップして現場は混乱しましたけど。

吉永　でも、あのときは凄《すご》く辛かったんですよ。自分では、間違っていないと思っていましたけど、それで監督を苦しめていることもよくわかりましたから。

樹木　私なら、「いや、それは監督の考えが間違っている、新人のときの恩は恩、これはこれ！」と、はっきりいってしまうけど、「監督を苦しめてしまった」と思うのが、小百合さんらしいですね。

『映画女優』は攻める役で、受け止めるのは『夢千代日記』だったと吉永は言う。

「あの『夢千代日記』で、本当にいろいろなタイプの、身寄りのない人たちが集まった置屋の女将として、お母さんとして、いろんな人の悩みをそれぞれ受け止めていくという、そんなふうな役でしたね」

坂東玉三郎監督の審美眼

歌舞伎の坂東玉三郎の初監督作品となった『外科室』（1992年）も、吉永にとって忘れられない作品だった。

原作は泉鏡花の同名の短編小説。舞台は明治時代。ただ一度見つめあっただけの関係なのに、その〝究極の愛〟に殉じる伯爵夫人と青年医師の物語である。

「プロデューサーの荒戸源次郎さんと玉三郎さんと都内のホテルでお会いしたんですね。原作も読みましたが、壮絶なまでの恋愛を演じるのはとても難しいと思って、最初はお断りしたんです。でも、玉三郎さんは『吉永さんの予定が空くまで待ちます』の一点張り。最終的には、玉三郎さんからいろいろ教えていただけることがあるのではないか、と思ってお引き受けしました」

吉永は、撮影に備えて、泉鏡花の作品集を読み、戦前の貴族の写真を集めた十数冊の本を毎日眺め、明治の伯爵夫人の雰囲気を身につけようとしたと言う。

「玉三郎さんは、着物を作るところから始まって、帯や小物に至るまで、すべてご自分でセレクトされました。あらゆるところに玉三郎さんの目が光っていましたね」

共演は、加藤雅也、中井貴一、鰐淵晴子、中村勘九郎（後の勘三郎）らだった。

映画は上映時間50分だったが、驚くほどの時間と労力と熱意を込めて制作された。

「玉三郎さんには、今までの映画にはない映画詩のような作品を作ろうというお気持ちが、きっとあったんだと思います。玉三郎さんの審美眼ですべてを見て描いている。一木一草に至るまで、そういう目で観察して撮影したっていう感じがします」

企画段階から参加した「北の三部作」

吉永が、映画の企画段階から参加するようになったのは、1998年の『時雨《しぐれ》の記』（澤井信一郎監督）からだった。

もっとも、映画化という意味では、自身で読んで感動した原作を会社（日活）に制作してほしいと懇願した64年の『愛と死をみつめて』が最初かもしれないが、本格的にはこの作品からである。

熟年男女の美しく切ない恋を描いて話題になった中里恒子の同名小説――。それを読んだ吉永が、ぜひ自分でやりたいと積極的に動いたのだ。そして、念願叶い実現。渡哲也と日活時代以来、29年ぶりに共演したのだった。

それ以来、吉永と映画とのかかわり方が変化する。

役を演じるだけでなく、企画段階から参加することが増えたのだ。

「北の三部作」と称される『北の零年』(2005年、行定勲《ゆきさだいさお》監督)、『北のカナリアたち』(12年)、『北の桜守』(18年)と続く北海道を舞台にした3作品がそうである。

04年に制作された『北の零年』は、北海道への憧れの強かった吉永が、脚本家の那須真知子と組んで、北海道を舞台にした作品を、と取り組んだのだ。

「那須さんが、福島県出身で会津藩士の末裔だということで、それなら幕末から明治を生きた人を主人公にしようと、話が発展して、あの物語になったんですね」

物語は、明治政府により、徳島藩・淡路島から北海道静内へ移住を命じられた稲田家とその家臣が過酷な運命に立ち向かう姿を描いている。

共演は、豊川悦司、柳葉敏郎、渡辺謙、石原さとみらだった。

「脚本にまとめていくのはとても大変な作業で、完成するまで5年かかりましたね。最初の話から、実際に映画の撮影が始まるまでには10年近い時間が流れてました」

「三部作」2作目の『北のカナリアたち』は、東映創立60周年を記念して企画された大作だった。

利尻、礼文が舞台の分校の先生と生徒たちの物語で、サスペンスの要素もありながら、教師と教え子の思いの伝わる作品だった。

北海道の離島の小学校で先生をしていた川島はる（吉永）の人生を一変させる悲しい出来事が20年前にあり、はるは島を追われるように出ていく。それがある事件がきっかけで教え子たちと再会するというストーリーだった。

大人になった教え子を演じたのは、森山未來《みらい》、満島ひかり、勝地涼、宮崎あおい、小池栄子、松田龍平、という現在主役級の6人だった。吉永は彼らに感心したと言う。

「みんな自分自身をしっかり持っていて、ユニークな演技方法や生き方を実践している人たちでした。私の若いころに比べて、映画会社や事務所に縛られていないし、多様性を感じましたね」

『北のカナリアたち』からしばらく経って、吉永は脚本の那須と「もう一回、北海道でやれたらいいですね」と話した。二宮和也と共演した15年の『母と暮せば』の次の作品は、吉永にとってちょうど120本目になる。

そんな時期に、吉永はプライベートで網走に流氷を見に行き、「流氷に惚れてしまった」と言う。

「流氷のあまりの素晴らしさに、これを映像にできたらどんなにいいかしら、と思ったことが『北の桜守』がスタートするきっかけになったんですね」

終戦から始まる激動の時代を生き抜いたひとりの女性と、その息子の姿を描いた大河叙事詩で、監督は『おくりびと』（08年）で米国アカデミー賞の外国語映画賞を受賞した滝田洋二郎、息子役には堺雅人、ほかに篠原涼子、阿部寛、佐藤浩市らが出演している。

「堺さんという、『母と暮せば』の二宮さんに続いて、素晴らしい息子を持つことになるのですが、役としてもファンタジーの世界の中で演じる二宮さんとタイプが異なり、堺さんはご自分で完璧な演技プランを立てて、それを実行していくタイプでしたね。私は、相手の方の芝居に応じて、それを受け止めていきたいと思っているので、このときもいい母子になったと思います」

原爆詩の朗読

吉永が、原爆詩の朗読を始めてから34年が経つ。

きっかけは、テレビドラマ『夢千代日記』に出演して、胎内で被爆した芸者夢千代を演じたことを通して、被爆者の方と知り合ったことだった。

1986年、東京・渋谷の教会で、平和を願う集会があった。

被爆者の団体から、吉永に朗読をしてほしいと依頼された。それが最初だった。

「20編ほどの詩を渡され、『この中から選んでください』と言われました。中学校の教科書で知っていた詩もありましたが、初めて目を通す作品がほとんど。読んでいくうちに、胸が締めつけられるような想いに駆られました」

吉永が、核兵器の恐ろしさを初めて知ったのは、まだ小学生のころ、第五福竜丸の事件（54年）だった。南太平洋のビキニ環礁で、アメリカの核実験が行われ、日本のマグロ漁船が被爆したのだ。無線長・久保山愛吉さんの症状が特に重くて、ラジオでは毎日報道されていた。

「久保山さん、頑張って」と吉永はラジオの向こう側に向かって祈った。

しかし半年後に、久保山さんは亡くなり、吉永は「なんとひどいことをするのだろう」と子ども心に憤りを感じたのだった。

彼女が、原爆の地・広島を訪れたのは、21歳のときだ。『愛と死の記録』（66年・蔵原惟繕《これよし》監督）という映画で、原爆症で死んでいく青年を愛し、初七日にあとを追う娘を演じたのだ。

「そのころ、広島の地はまだ原爆の爪痕が深く残っていました。原爆病院でも撮影し、重い病気で治療を続ける人たちも出演してくださいました。彼らの瞳の中の悲しみの色を、今も忘れることはできませんね」

広島や東京の中高生を中心に、原爆詩の朗読を続けて10年が経ったとき、吉永の朗読する原爆詩と村治佳織のギター曲を収録したCD『第二楽章』も発表した。

そして2011年の東日本大震災の原発事故後は、福島の詩人たちの作品も朗読するようになった。

「広島、長崎、ふたつの被爆地が復興したように、福島の人々が再び故郷に戻れるように祈りながら活動を続けています」

今年2020年は、終戦後75年にあたる。

戦争という記憶は、ますます忘れ去られる時代になってしまった。

吉永は、この8月末に原爆詩の朗読を新潟・十日町市で行った。

また、NHKでは「戦後75年特集」として、『戦争童画集〜75年目のショートストーリー〜』という特別番組を8月24日に放送した。

この番組は、戦争の記憶を語り継ぐために一流のクリエーターが結集し、吉永に届けられた戦争体験者からの手紙を元にオムニバスでストーリーを紡ぎ出したものだ。

山田洋次監督は、初めて朗読劇に挑戦した。番組を案内するのは吉永、音楽は坂本龍一さんが担当した。

出演は、長澤まさみ、加藤健一、蒼井優、橋本環奈、黒島結菜、田中要次、松由樹など錚々《そうそう》たる面々である。

築山は、この特別番組でもディレクターを務めた。

吉永に番組の感想を尋ねてみた。

「45分という時間でやらなきゃいけないというのは残念でした。それでも、あれだけきちっと向き合って作ったのは大変なことですね。それはもう、築山さんと山田監督がやっぱり想いをこめて作られて、すごいことだと感じました。語る方がもういなくなっているけど、75年前のことをああいうかたちで作品にして、みんな忘れないでいてね、と子どもたちに語り継いでほしいですね」

坂本龍一さんとはリモートでコラボレーションし、吉永は平和の詩の朗読も披露した。

「坂本さんの音楽には感動しました。やっぱり素晴らしかった。この曲を東北ユースオーケストラと一緒にやるときにも使いましょう、とおっしゃってくださってます」

第四章

吉永小百合を、生きる

最後のスター

『動乱』を経て、吉永は明らかに成長を遂げた——。

「映画が本当に好きになった。そのときに、ああ、こんな映画作りができるんだ。私もう一回映画の世界で、しっかりと歩いていきたいって、そのとき思って、できる限りのことをして、俳優としてというか、人間として歩ける限り歩いていきたい」

それからだった。吉永が変わったのは——。

高倉健のように事務所に属さず、自分ひとりで、心が動く仕事だけを受けるようにした。

役にまつわる土地を訪ね、その役を生きることにのみ没頭した。

撮影現場では、監督とセリフの直しを話し合う。

些細なセリフも納得できるまで突き詰めた。

そして本番では、無心で風に吹かれた。

気がつけば60年――。
「最後のスター」と呼ばれる存在になっていた。

自分の気持ちに素直になろう、（中略）
いろんなことに感動することとか、
新しいものに出会ったときに、
あっというような喜びを持つこととか、
そういうことに関しては、素人でありたいと思うんです

山田洋次監督が言う。
「高倉健さんは『最後のスター』と言われましたが、健さん亡きあと、もうそれは小百合さんしかいないでしょう。素敵な女優さんはたくさんいるけれど、小百合さんは別格です。そのプレッシャーを思うと、気の毒になるけど、でもしょうがない

んです。小百合さんが小百合さんであり続けることは、あの人の任務なんですよ
――」

それでも吉永は、自分はプロではないと言う。山田監督はこう答えた。

「小百合さんは、〝プロフェッショナル〟なんていうといちばん抵抗を感じる方かもしれませんね。『私プロじゃないわよ』と言うでしょう。むしろ、プロでありたくないって一生懸命思ってる人かもしれない。つまりアマチュアでいたいと。

この『アマチュアでないといけない』というのは、映画の演技についてのひとつの考え方であるんですね。それはセオリーとして彼女の中にあるんだと思うし、いつも素人みたいでありたいと思ってる小百合さんのことも僕たちは深く理解している。けれども、あの人と仕事をすると、本当にプロだと思うことがあるんですよね。それは、映画俳優としてプロということですね。映画スターとしてのプロだなあと思います」

「映画俳優としてプロ」とはどういうことだろう？

「まずは相手の俳優がいて芝居してるんだから、相手の俳優をじっと見ることが大事ですよね。自分の投げかけたセリフを相手がどういうふうに受け止めて、どうい

うふうに返してくれるか。小百合さんはちゃんと相手を見て、その相手もひとりだけじゃない、3人も4人もいる場合もある。その中にいる自分がひとりの俳優としてどう反応して、どう感動したり、悲しんだりすればいいかってことがよくわかってます。

さらにそれは、俳優だけじゃなくて、100人近いような大勢のスタッフも見てるわけですよ。特に僕の映画の場合はキャメラ1台で撮るから、全員がじーっと小百合さんの芝居を見てるわけ。そうすると、そこから何かを彼女は受け止めるんじゃないでしょうか。

今監督やスタッフが求めてる演技はこれじゃないかなっていうのが自然に理解できるというか。みんなが大きな期待を持ってじーっと見つめていて、俳優がステキな演技をすると、思わず涙ぐんだり、逆に笑ってしまったり、しんみりしたり。そういうふうにして映画は作っていくものだし、映画の演技とはそういうものなんだということを小百合さんはよくご存じなんだ。それが彼女のプロたる所以《ゆえん》ですね」

吉永はこう言う。

「自分の気持ちに素直になろう、というふうに還ってきてるのかもしれない。いろんなことに感動することとか、新しいものに出会ったときに、あっというような喜びを持つこととか、そういうことに関しては、素人でありたいと思うんですけど。仕事の現場ではプロフェッショナルになりたいと思います。だから私は、素人とプロの狭間にいるのかもしれない」

プロとして人形に徹する道もあった。

それでも心に正直に役を生きたいともがく。

プロと素人の狭間で揺れ続けること、それこそが、吉永が今なお求められる理由なのかもしれない。

吉永は何度求められようとも全力で挑む。

そこに自らの進退をかけているかのようだった。

「自分でどこまでやれるかわからない。もうここでやめるということがあるかもしれない」

シーラカンスみたいなもの

撮影所のエレベーター。

「はあー」と吉永がため息をつく。もう撮影も終盤である。

――疲れが溜まってらっしゃいますね。

吉永　ひ・み・つ、ハハハハ。

吉永は疲れたそぶりは決して見せない。

吉永　疲れたとは絶対言わないようにしている。スタッフはもっと疲れていると思うし。

山田監督が撮影現場にやってきた。

山田　「ごめんなさい。お邪魔して」

吉永　「ご無沙汰しております」

山田監督は、「寅さんシリーズ」50作目となる『男はつらいよ　お帰り　寅さん』

の編集の合間を縫って陣中見舞いに来てくれたのだ。

吉永 「完成なさったんですか？」

山田 「いえ、まだです。音楽にとりかかる、その段階」

吉永 「今回の寅さんはCGなんですよね」

山田 「合成は、今はすごいことができるから」

——山田監督と会われていかがでしたか？

吉永 いやあ、ますますお元気で嬉しいですね。パワーをいただきました。

——吉永さんも監督の新作映画に登場されるとか。

吉永 私は、ラストのほうで以前2本出させていただいたシーンを使いたいということでした。どういうふうになっているか楽しみですね。

——山田監督も力強いですね。

吉永 うん、もう、フィルムでずっとやってこられた方がね、今もなお映画を撮ってくださってるっていうのは、嬉しいこと。私たちは山田学校の生徒ですからね。

野上照代さんも陣中見舞いにやってきた。黒澤明監督の記録担当者を長年務め、映画『母べえ』の原作者でもある。

野上　「頑張ってますね」

吉永　「もう、シーラカンスみたいなものですよ」

野上　「樹木希林さんもいなくなっちゃったし。あなたは元気でいてね」

野上さんにも話をきいた。

――野上さんから見て、吉永さんはどんな俳優さんですか？

野上　真面目すぎるくらい真面目な人ですよ。あんなに勉強家で、努力家で、という女優さんはなかなかいないでしょ。私は山田さんの『母べえ』からずっとご一緒してて、美しいのはもちろん、それ以上に努力されてますからね。それも見えないところで。運動選手のように、毎日泳いでいるんじゃないかしら。原爆や原発にしても、本当によく勉強してるし。

そういうタイプの女優さんって、もう出てこないんじゃないかな。珍しい存在だから頑張ってほしいですね。

役を生きる

スタジオ内の自宅セットでの撮影が始まった。

真価が問われる撮影が近づいていた。

幸枝の癌が進行し、死期が迫る。

命が尽きようとする中、引きこもりになっている息子に最後に向き合うクライマックス。

撮影が近づくにつれ、吉永は人を遠ざけるようになっていた。

合間の声かけや車内での取材など、撮影初期には許されていたことが、一切NGになった。日によっては、朝秘書から連絡が入り、「今日の撮影はやめてください」と言われることが増え、手紙で思いを伝えても、なかなか近づけなくなった。

吉永は「病気の役だから」とずっと食事をとっていなかった。

本番前の控え室。秘書がノックをためらう。

50年付き添った秘書ですら、近づくのを恐れるほどだった。

2月22日、クライマックス撮影当日。

この日がクライマックスだと知っていた築山たちも、絶対に撮り逃せない日だった。

築山は怒られるのを覚悟で、ハンディカメラを持ってエレベーターに乗り込む吉永に同行した。吉永は築山を見ようともせず、一言も喋らない。

築山は「今日だけ撮らせてください」と言ってみたが返事はなかった。

初めて体験するものすごい緊張感だった。

メイク中の吉永に「本当に短い時間でしたら」と、カメラが部屋に入ることが許された。スタッフから「30秒間だけね」と念押しされる。

吉永にとって、人生で最も大切にしていることは何なのか。

「今日を生きるということ、今日を精一杯生きればそれが明日につながる。一日一日自分のできることを精一杯やっていくことが明日につながる。その日を精一杯生きようと思っています」

カメラなしのテスト演技が始まった。

ドンドン。息子の部屋をノックする。

幸枝「いいから、開けなさい！」

実はこのとき、吉永の右手に異変が起きていた。激しくドアを叩いたために痛みが生じていたのだ。骨折の疑いもあったらしい。
それでも撮影を続行することを吉永は望んだ。
やがて迎えることになる最期――。自分は何を残せるか。

幸枝「お姉ちゃんと、生まれてくる赤ん坊を好きでいてあげて……」

ドンドン。ノック。親指がプルプルと震えている。

最後のカット――。吉永は目を閉じた。
そしてゆっくり目を開き、言葉を発した。

幸枝「お母さん、もう少ししたら、この家からいなくなるから、お姉ちゃんと赤ん坊を好きでいてあげて――。お願い……」
やがてドアが開き、息子が姿を現す。その息子の胸を叩き、頬を触る吉永。台本にはない仕草だった。
吉永は役を生きていた――。

オールアップの涙

許可を得ないまま車に同乗し、クライマックスのシーンの手応えをきいた。まだピリピリとした緊張が漂っていた。普段なら、話しかけるとこちらを向く吉永が、一度もこちらを向かない。答えたくないという意思がひしひしと伝わってくる。

吉永 ……道はるかです。まだまだ。

――なんでそう思われるんですか?

吉永 そうですね。やっぱり、そうなんですよ、納得……うーん、どう言っていいんですかね。数多くやってるとね、やっぱりばらつきが出る。それが全部きちっとできるようにならないと――。

そして、いくつかのシーンを撮り終えて、吉永の登場するシーンすべての撮影が終わった。「カット！　カットOKです！」

「北原幸枝役、吉永小百合さんオールアップになります！」

巻き起こる拍手。監督から花束が手渡される。抱擁する吉永と犬童監督。

吉永が挨拶を述べた。

「2ヵ月、本当にできるかしらと思っていたんですけど、スタッフのみなさんが厳しいスケジュールの中で、一生懸命やってらっしゃるお姿に、私も頑張らなきゃと思って、今までやってまいりました。心から感謝しています。監督、ありがとうございました」

築山は、吉永が涙を流しているのを見て、はからずももらい泣きしてしまった。

（本当に張り詰めていたんだな――）

衣装さんもメイクさんも、みな泣いていた。

感極まる瞬間だった。

大拍手のうちに、吉永の仕事は終わった。

これで私はプロフェッショナルだ、満足だって思っちゃうとそこで終わってしまうようで——。私の中ではそういう気持ちがあるんですね

オールアップ後に吉永に話をきいた。

——長い期間ありがとうございました。

吉永　ありがとうございました。いつも来ていただいて、いていただいて。

——終えられていかがでしたか？

吉永　いやあ、最後の1週間が怪しかったんだけど、なんとか最後の今日の日を迎えられたということでよかった。安堵の気持ちが何よりありますね。内容に関しては、どういう映画になるかは、これからスタッフのみなさんに委ねることになります。

――新しい撮影手法の中で、闘えましたか？

吉永　闘ったかどうかわからないですけどね。とってもこう、今まで出てきた映画とは違う、弾けたような楽しい場面がありましたね。（その楽しさが）見る人にも届けばいいなと。

気持ちを綴ったシーンは、それなりに伝わると思うんだけど、楽しいシーンは、ある種夢の部分ですよね。やりたかったことを実践していく。それは少女のものだったんだけど、いつしか自分のものになっていって、驚きながら、そして元気になっていく――。それが伝わればいいなと思っています。

――演じた幸枝の人生はどうでした？

吉永　ほんとに優しくて、みんなを気にして生きてきて、自分のやりたいことをやらずに生きていたけど、最後にマ子さんという人に出会って、触発されて、生き方を変えて新しい自分を見つけて、そのまま天国に行った、と思うんですね。自分探しの旅をして、新しい自分を見つけて、それを彼女はとても喜んでいたと思います。

――自分の人生と比べてどうですか？

吉永　私は小さいころから仕事を始めて、とにかく仕事をしているのが普通だったんですよね。だけど、幸枝さんはそうじゃなくて、家の中で、家族のために一生懸命尽くして、耐えて、生きてきた。そういう方がたくさんいるんだということを知りました。

――どんな映画になると思いますか？

吉永 まだわからない。ぜんぜんわからない。今回の映画はシナリオを読んで、「ああ、面白いな」と思って決めたんですけど、その面白い部分がどう生かされているか、わからない。フィルムじゃなくてデジタルで撮ってるから、とにかく何度も何度も撮って、その中で監督が何を選択していくかにかかってますからね。役者は、演技したことがどんなふうに拾ってもらえるかはわかりません。「本番は1回」という昔ながらの映画作りの中でやってきた者にとっては厳しいというか、難しいんですけど、あとは祈るばかりですね。

――次の作品は？

吉永 一応ね、オファーをいただいた仕事はあるんですけど、この映画が終わるまでは、その題材を読んではいけないと思って。やれるかどうかわからないですけど。でもね、こんな年齢になって、仕事のオファーを、それも企画の段階からいただけるというのは、とても幸せなことですよね。

吉永はそう言って微笑むと、「お疲れ様でした」と挨拶して、スタジオを出て車に乗り込み、去っていったのだった。


それから2ヵ月後。季節は春になっていた。

2019年5月13日。

吉永は、幸枝の故郷・福江島にいた。


「すごく不器用だから、ひとつの役をやると、ぱっと次に移ることができないんですね。自分が演じてどうだったんだろうって思いながら、少しずつ離れていく感じ。まだまだ、まだまだ、幸枝さんの中にいる感じで、今年いっぱいくらいはそうですね。そんなに早くいなくなる人ではない」

映画は俳優の手を離れ、もうできることはない――。

それでも「ない役」を生きる――。

それが吉永小百合だった。


その2週間後、映画が完成し、関係者を集めて試写が行われた。いわゆる「初号試写」と呼ばれるものだ。

あのクライマックスのドアをノックしている自分を見つめる吉永――。カットを細かく割る予定が変わり、吉永の芝居が一連で使われた。

犬童監督が言う。

「ドアを叩いた指が震えていたのは、現場では気がついていませんでした」

満足するとそこで終わってしまう

ある日、スポーツジムにいる吉永の取材をさせてもらう。

マットを敷いてストレッチをする吉永。

吉永はいつものようにトレーニングに打ち込んでいた。この先のことはまだ何も決めていない。

だが、その眼差しは明日を向いていた。

――人生初の10ヵ月という長期密着、正直どうでした?

吉永　やっぱり大変でしたよ。私、地味な性格ですから、いつも見られて撮られているというのは緊張しました。車の中の取材とか初めてのことなので、なかなか意味深いものでした。いつ死ぬかわからないから、撮っていただいて本当に幸せでした。ありがとうございました。

もう一度きいてみた。

――プロフェッショナルとは？

吉永　そうですね。とにかく映画が好きで、この世界でやってきましたし、そういうことがプロフェッショナルかどうか、ちょっと自分ではわからないですね。残した作品できっと後の人たちが決めてくださるかもしれない、プロフェッショナルかどうか。これからも、みなさんに観ていただけるような作品に出られるようにしっかりとやりたいと思います。

これで私はプロフェッショナルだ、満足だって思っちゃうとそこで終わってしまうようで――。私の中ではそういう気持ちがあるんですね。だから、プロフェッショナルを求めて、これからも、また歩いていくと思ってます。

エピローグ　風に吹かれて

自分に正直に生きたい、（中略）無理をして、自分の思いと違うところで、仕事を引き受けたり、人と人との関係を作ろうとしてもうまくいかない

映画はアンサンブル

――吉永さんは「曖昧なところに立つのが大事」とおっしゃってましたね。

吉永　ガチガチに役を決めちゃうと、そこから一歩も出られないですよね。たとえば、初めて芝居を一緒にする俳優さんとか、相手の方と演技していく中で生まれてくるものってたくさんあるんですね。だから、自分はあまり決めないで、そのときの雰囲気、そのときの風に吹かれて、感じるままに演じられたらと思うんですね。

――天海さんが、「役と素の中間」に立たれていると。

吉永　そうですね。役と自分のあいだで揺れて、どっちに引きつけられるかというのは、演じてて感じることはあります。それが面白いことかもしれない。私は、あまりガチガチに固める役をやってこなかったこともあるかもしれませんね。

今回の天海さんの役なんかは、ピシッと常にリーダーシップをとって、男性も女性も引っ張っていくような力強い役。一方の私の役は、いつもメソメソしていて、本当に弱い自分を知りながら、なんとか違う自分になろうとする役。だから相当揺れ動いている。

10代のころは、本当に素の自分でした。浜田光夫さんと一緒に何本もやったんだけど、私は常にリードする役だったんですね。だから、あまり揺れ動くことはありませんでした。

――揺れ動くと何がいい？

吉永　自分の役をひとつに絞らなければ、相手の方がどんな芝居をしてきても、受け止める余地があるということでしょうかね。

――それは、個々の俳優の個性や持ち味を引き出すため？

吉永　映画は、舞台もそうですが、アンサンブルですから。自分だけ突っ走った芝居はしたくないし、みんなのセリフの呼吸を感じながら演技して、みんながその映画で生かされるというのがいちばんだと思います。

――人生でいちばん大事な信念とは何ですか？

吉永　やはり自分に正直に生きたい、ということですかね。無理をして、自分の思いと違うところで、仕事を引き受けたり、人と人との関係を作ろうとしてもうまくいかない。

やっぱり、自分の心の中で思うことをいちばん大事にしたいと思いますね。

そう思うようになったのは最近ですね。

子どものころは、本当に正直に天真爛漫に、天衣無縫に生きてきて、この仕事をやるようになって。そこで、ちょっとそれだけじゃいけないんだって思うようになって、いろいろと学んで、人のことを気にしたり、思いやったり、いろんなことを乗り越えてきて、やっぱり今は自分の気持ちに素直になろうと、還ってきているのかもしれないですね。

やりたいと思う仕事だけをやる、という体制は自分で作ることができたので、それはとても幸せなことですし、多分これからもそれでやれると思っています。

私の中の二重人格

――自分を素人だとおっしゃいましたが。

吉永 うーん、やっぱりお金をいただいているから素人じゃダメですよね。ははは。けれど、気持ち的にはいろんなことに感動するとか、新しいものに出会ったときに、あっという喜びを持つこととか、そういうことに関しては、素人でありたいと思うんですね。仕事の現場では、プロフェッショナルになりたいと思うんですけど、難しいですね。

――どうすればプロフェッショナルになれる?

吉永 プロフェッショナルというのは、いろんなことを完璧にやって、どんな人をも幸せにする、満足させるという存在だと思うんですけどね。私は自分が好きな役、その人が好きになれる、またはその人を応援したくなる役をやりたいし、そういう役ばかり選んでしまう。

でも、もしそれが逆のイメージの役でも、応援できないけど、その人の生き方がチャーミングであるという役にぶつかって、それをやってみようと思えたら、本当のプロフェッショナルのような気もする。ちょっとなれそうにないかなぁ、ははははは。

――映画俳優だからということもあるんですかね。

吉永　映画俳優というものが、どちらかというとそうなんですけどね。舞台俳優だったら、稽古を1ヵ月くらいやって、舞台の上で芝居を作っていくことができるけど、映画俳優はそうじゃなくて、日々いろんなシーンを撮ったり、天候にも影響されてね。だから、素人とプロのあいだにいるのかもしれない。

今、映画だけやる俳優さんは少ないですからね。だからちょっと特別、特殊なのかもしれない、という気もします。その日の天気によって、芝居が変わってくることもあるし、風の吹き方によってセリフが変わったりする。でも、それがずっと60年近くやってきて、私にとっては素敵なことなんですね。

――クライマックスの息子と向き合うシーンについて。ドアを叩くシーンで指が

震えていましたが。

吉永　あれは、段取りのときに、(引きこもりの息子の部屋の)ドアをドンドンと叩いて、でも、その叩き方だとまだ足りないなと自分では思い、平手でドンドンと叩いたんです。そのときに親指に非常に負荷がかかって、親指がみるみるうちに膨らんできて、でも撮影は続けたんですね。あとで冷やしたんだけど、現場では指が震えていることには気づかなかったんですよ。

監督が編集で見て、「これはすごい」ってことになって、その震えが目立つカットが採用になったんですね。

段取りから一生懸命気持ちをこめてやったのが、よく出たのか悪く出たのかはわからないんですけど、手がひとり歩きして、震えていたんですね。

撮影が終わってから救急外来に行って、レントゲンを撮ったら、骨折はしてないから、打撲だから冷やせば大丈夫ということで次の日を迎えたんです。

――それだけ気持ちが入っていた?

吉永　なんとか彼を(息子を)表に出したいというものが、全部私の親指に乗り移ったのかもしれないし……。不器用なのか、アマチュアなのか、そのへんは非常に難しいんですけど。

ただあのシーンはとても好きなシーンだし、本読みのときからなんかこう胸が熱くなっていたから、その気持ちを出したいというのはあったんですけどね。

最後に、本当はセリフで終わるはずだったんだけど、息子の顔を見ていたら、彼の胸を叩きたくなって、ドンドン叩いてしまった。でも、そのカットが採用になっているんですね。

だからデジタルは、なかなか思うようにいかない部分もあるけど、自分が心をこめて演じると、それが監督にも伝わって、ひとつのシーンを作っていただける、ということが今回わかりました。一カット撮り終えて「もう一回」と言われても、腐らずにやってくこと、「継続は力なり」ということがわかりました。


――ほかに難しかった芝居とは？

吉永　自分に子どもがいないので、子どもとのシーンがなかなか演じにくい。まして、子どもが引きこもって、部屋から出てこない、そんなとき母親はどんなに辛いのかと思うんですよね。だから、それをなんとか克服して、彼にわかってもらいたいという芝居をするというのがね。
たまたま、その前のシーンで、娘役の満島ひかりさんと廊下で喋るシーンがあって、なんかそのとき、とてもこう、彼女とのあいだにすごくいいコミュニケーションがとれたと思ったし、その気持ちを息子にもう一度ぶつけてみようと考えました。

喜んだり、悲しんだりする人格と、そういう自分を引き留めようとする人格がいる。二重人格のようなものが私の中にいるような気がするんですね

――（癌による）痛みの表現はどこから？

吉永　あれは、癌で亡くなったＮＨＫの方の本を読んでいたら「電車の中であまりの痛さに、座っていたけど、座っていられなくなって立った」というふうに書いてあって、初めて知ったんですよね。普通はうつ伏せになるとか、倒れるとかなんですけど。それをどういうふうに表現したらいいのかと思っていたときに読みまして。それで監督に「やってみてもいいですか？」とメールでうかがって、それで

やってみたんです。

——役を簡単にわかった気にならない、という意識ですか？

吉永　そうですね。今回の役は、いろんな演じ方があったと思うし、いろいろなシナリオの作り方もあったと思う。でもそういう中で、今回の選択をして、一本の映画が出来上がった。

だから、表現というのはひとつじゃない。いくつもあって、その中で自分で選択するって、とても大切なことだと思いました。

——ロケ中に一度も満足そうな吉永さんを見なかったのですが。

吉永　満足したら、次の日からお休みですよ、もう！（笑）。そこで終わっちゃうじゃないですか！　その日その日の演技を積み重ねて、それが一本の映画につながって。でも、映画を観終わって「ああ、これはもう素晴らしかった」って自分で褒めちゃったら、また次につながらないですよね、と思うんですけど、どうでしょうかねえ。

私はどちらかと言えば自分にクールなタイプなんですよ。

あんまり褒めると、いい気になると思ってる。もしも、自分がいい作品に出合って、いい表現ができたとしても、「ちょっと、あなた冷静にやりなさいよ」という自分がいる。喜んだり、悲しんだりする人格と、そういう自分を引き留めようとする人格がいる。二重人格のようなものが私の中にいるような気がするんですね。
あんまり自分のことを甘やかしたくないという思いはありますね。ずっと恵まれてここまできてるし、みなさんにサポートされていい思いばかりしてるから。
のぼせちゃいけないなという気はするんですよ。

――のぼせたら何がいけない？

吉永　のぼせたら、そこで終わるというか。もうその先はないというか。この年でももう少し成長したいという気持ちもあるんですよ。難しいですけどね。

年齢なりに生きる面白さ

――もう少し成長したいとおっしゃっていましたが、吉永さんの年齢への向き合い方をお聞かせください。

吉永　そうですね。区役所からね、長寿のなんかこうお知らせ、あなたの年齢だからこういうことがありますから、区で催し物やりますからみたいなお知らせが来る年齢になったんですよね、今年。それがもうびっくりしちゃって。

秘書も「吉永さん、なんでそんな仕事が好きなの、もういいんじゃないの」なんて言うんですけど。でも面白いことはやっていたいし、面白くなくなったらやめますけど、だからあんまり自分はこの年齢だからこうしなきゃいけないということは考えない、ということですね。

実年齢と、自分の精神年齢は違うし、ただ体力というのはね、自分できちんと把握してないといけないなというね。

以前、日野原先生（日野原重明、聖路加国際病院名誉院長、2017年没・享年105）と対談したときね、私があのとき60代だったかしら。そうしたら先生から「あなたはまだジュニアですよ。80代からシニアですよ」って。まだシニアになってないんだなって思ってます（笑）。

岸惠子さんもね、時々お手紙いただいたり、私もお手紙を出したりするんですが。岸さんはもう常にいろんなものに対して興味を持って生きてらっしゃる。絶対ご自分は何歳だからこうしなきゃいけないって思わない方ですよね。

――いろんなことに興味を持つというのは、人生をいつまでも楽しくできる秘訣なんでしょうか？

吉永　そうですよね。はい。

でも反面、確実に言えるのは、たとえば1時間でやれたことがその倍ぐらいかかる。それだけは絶対に認めなければいけないし、それが年をとるということなのかなと思うんですよね。ただ時間がかかっても自分がしっかりと計画したりすればできないことはないという希望をいつも持っています。

セリフでも、10代、20代のころは一体いつ覚えたのかしらっていうぐらいの量のセリフを平気で覚えてました。

で、それがやっぱりちょっと長いと、あれ、これを覚えられるかしらって最近思うようになった。でもそれは普通のことで、どうやればそれをちゃんとクリアできるのかっていうのは自分で答えを見つけていく。その大変さと面白さが両方あると思うのね。

――なるほど。でも、それを認めるのはショックではないですか？

吉永　私は今完全に認めています。認められるようになりましたね、それだけは。うん。だから、朝起きてから出かけるまでの時間とかでも、倍まではいかないけれども倍近くなっているし、それはそうしなくちゃいけないと。家族が「えー、そんなに早く起きるの」とか言うけれど、「しょうがないのよ、私はこれだけ今時間がかかるのだから」と説明するんです。

――吉永さんは、水泳をはじめさまざまなトレーニングをされています。トレーニングを続けることは体力をキープするだけでなく、健全な精神みたいなものを整えることにも役立っていたりするんですか？

吉永　私にとってはもう体を動かすことっていうのは、考えることよりももっと大事なことですよね。

――それは何ででしょう？

吉永　そうですね。好きで面白いから、自分が体力的にレベルアップするっていうことはすごく嬉しいこと。

――現在は、新型コロナの影響でトレーニングはできないんですか？

吉永　プールはね、2ヵ月間完全に閉鎖になってすごく大変だったんですけどね。たまたまラッキーだったのはトレーニングのほうが、貸しスタジオじゃなく、貸しジムみたいなところを、資格を持ったトレーナーが借りてくれたんです。そこに私たちは習いに行けて、そういう時期でもやれたんですね。地下の部屋じゃなくて外が見えるオープンスペースに近いようなところで全部窓とかも開けてできました。

だから、それはもう大変ありがたかったです。水泳のほうは全然できないから、どんどん下手になっちゃった。次の映画が終わったらもう一回習いたいなと思うんですけどね。
この間、水泳の代わりに本当に1ヵ月くらいのあいだ、家の周りを毎日1時間以上歩いていたんですね。知らない道をいっぱい見つけて、それはね、また新しい発見があって楽しかったですね。
こんなところにこんな小道があるとか、逆にこんな大きな道があそこへつながっているとか……。まぁ時期もね、夏だったらあんまり歩けなかったでしょうけど、そのころはまだ大丈夫でしたから。

――吉永さんは、YES、NOをはっきりおっしゃったり、面白いと感じたことを大事にする、というようにとてもシンプルな生き方をされているように感じます。

吉永　いや単純なんですよ。生まれたときからそういう意味では複雑にものを考えるタイプではないのね。それは、陽性というかネアカというか……。単純に、どうしたい？　これはやろう、これはやめよう、という考えができるタイプですね。
そんなに悩みすぎない。悩むっていうことがあまりないのかもしれません。悩むというか、この仕事最後までやれるのかなあ、大変だなあという思いは今も常にありますけど。でも、それはまた悩みとはちょっと違うかもしれないわね。

——悩まないようにしているのではなく、悩まない性格なんですか？

吉永　そうですね。はい。昔はもっとそうでしたけど。でも今でもまあ自分の体力をキープさえすればあとはいろんなことがついてくる、自分をバックアップしてくれるっていうふうに思っています。

——過去のインタビューで「丁寧に生きたい」というようにお答えになっていますが、いつごろからそう思うように？

吉永　昔は全然そんなのなくて、そういう余裕もありませんでした。でも、やはり自分が俳優として変わった『動乱』以降、ひとつひとつ役に向かうときに「丁寧に」と思うようになりました。

人生において自分で決めて自分で生きていくということは、『動乱』以前から思うようになっていましたけどね。その後も、市川崑監督、木下惠介監督たちと出会って仕事をする中で、映画作りの面白さとか不思議さを感じて「丁寧にひとつずつ役をやりたい」と思うようになりました。

それは職業でもそうだし実生活でもなんかこう、もうちょっと深みのある生き方をしなければと思っていることは事実です。

実際に丁寧に暮らしているかどうか、というとまったくわかりませんね（笑）。丁寧にやってることって、コーヒーをちゃんと豆からコーヒーミルで挽いてドリップして朝飲んでいるっていうことくらいでしょうか。それはちょっと時間かかって大変なんですけどね。『ふしぎな岬の物語』（2014年、成島出監督）という作品でカフェの女主人をやってからずっと続けていることで。そういうこだわりは、コーヒーを淹れるだけじゃなくって自分で持っていたいというふうには思います。

今日を生きるということ、
今日を精一杯生きればそれが明日につながる。
一日一日自分のできることを
精一杯やっていくことが明日につながる。
その日を精一杯生きようと思っています

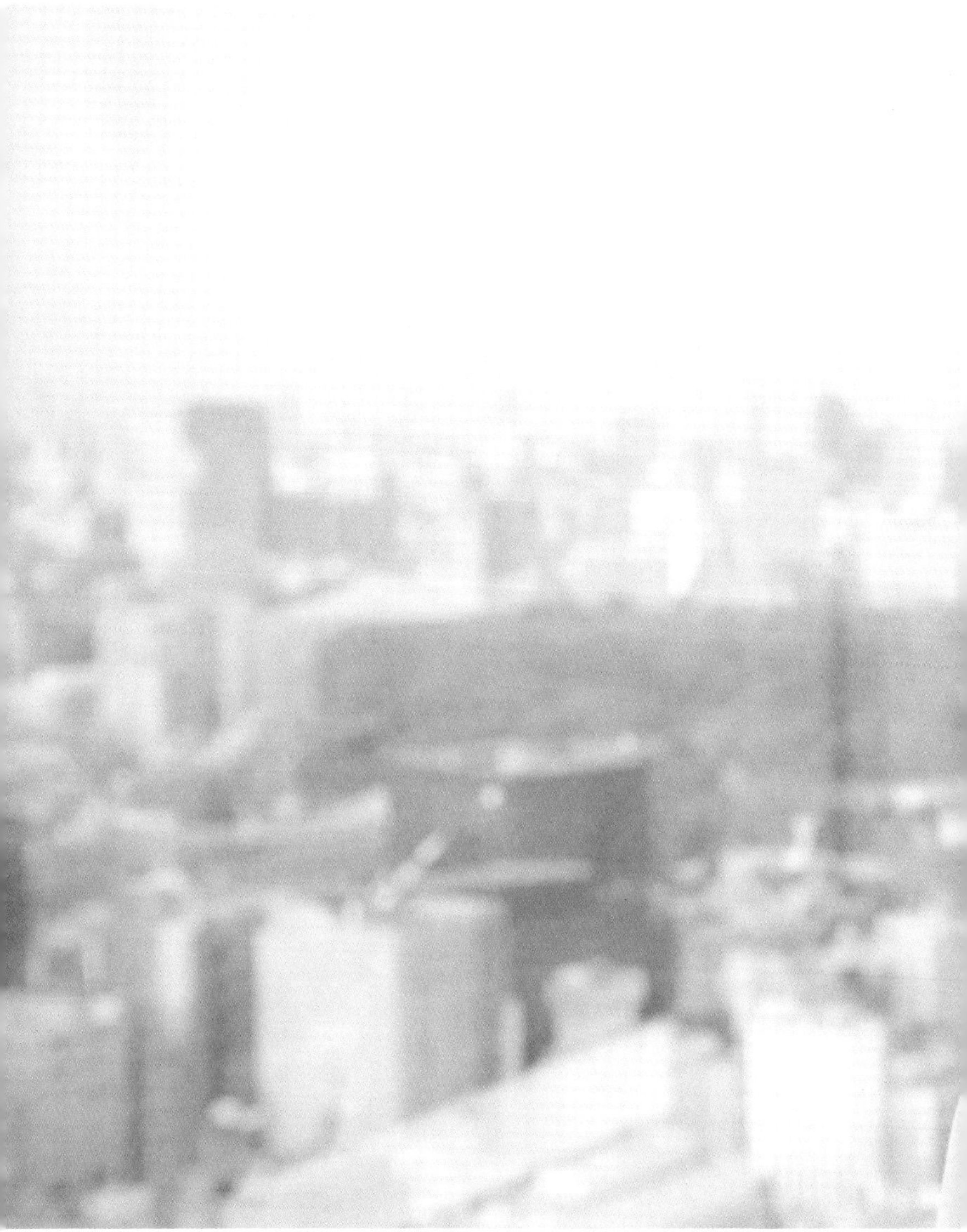

おわりに

「吉永小百合」ってどんな人なんだろう。

当時33歳だった私のイメージは、JR東日本の「大人の休日倶楽部」のCMでよく目にするとても美しい女性。どこか神々しさをまとう、とてつもなく遠い存在の人……。いえ、本当に実在する人なのかどうかもわからないほど、霞がかった人でした。

『プロフェッショナル 仕事の流儀』を作り続けて6年。多くの場合、一度は大御所と呼ばれる方を取材させていただく機会が訪れるのですが、私はそうした取材を経験したことはありませんでした。自分の中でどこか敬遠し、怖さを感じていたのかもしれません。

大御所は制約が多くて結局、撮れないのではないか——。どちらかといえば、あまり世間で知られていない人を取材して、紹介したいという気持ちも強く、プロデューサーから著名人の取材を促されても、あまり積極的に手をあげることをしませんでした。

でも異動が近づき、いよいよこの番組から離れることになり、卒業制作の意味を込めて提案したのが、吉永小百合さん、その人でした。

「密着」や「ドキュメンタリー」からほど遠い人物。そして職人のようにプロフェッショナルな技術をわかりやすくカメラに収められない、描き方が特に難しそうな「俳優業」。

なかでも懐に入るのが難しそうで、素顔がほとんど謎の女性。踏み込むこと自体、どこかはばかられる風潮すらある。その「人物」と「仕事」を描くことは、自分にとってかつてない挑戦のつもりでした。

その勝手なプレッシャーからか、初めて彼女を撮影しはじめた、2018年11月29日。緊張による腹痛に苦しみながらも初日を終えた夜、39度を超える高熱にうなされました。

翌30日は、実を言うと私の誕生日。なんとも忘れがたい一日になったことを覚えています。でもそれぐらい、実物の吉永小百合さんには、少女のような雰囲気でありながらも、容易に近づけない、話しかけられない〝オーラ〟がありました。

彼女だけではありません、周りのスタッフもみな、数十年寄り添ってきたベテラン揃い。吉永さんに何かあってはと最大限の注意と配慮を払うため、彼女をとりまく緊張感にはものすごいものがあるのです。さらに、テレビで連日目にする、今をときめく俳優の方々がみな、吉永さんを前にするとあとずさりし、あるいは直立不動になり恐縮している……。

そんなことを目の当たりにしては、何者でもない自分はなかなか近づけないな……と、距離を痛切に感じました。

しかし、その印象は、吉永さんを毎日見つめ続けるうちに、徐々に変わっていきました。

まったく自分の存在を振りかざすことなく、どんなスタッフにも分け隔てなく話しかける姿（話しかけられたほうが慌てふためくことは想像にたやすいでしょう）。歩けば撮影機材のケーブルにひっかかりそうになるし、とっても方向音痴で、自分の控え室も間違えてしまう、おっちょこちょいな人。傍《はた》から見てても危なっかしくて仕方がありません。

私が、撮影現場から帰りの車までのわずか数十メートルのあいだ、歩きながら話をきいたら、それに答えることに集中しすぎて、自分の車の場所を見失い、迷子になることもありました（結果、10分間も話をきくことができました）。

取材を始めて数ヵ月。時に撮影NGにあいながらも、少しずつ吉永さんの存在を近くに感じるようになっていました。

でも、吉永さんとの距離がいちばん縮まったのは、実はロケが終わってからです。密着取材も終わり、構成やナレーションを考えているころのこと。事実確認や、ナレーションでここまで言っていいのかどうか……秘書を通して打診したことがありました。

するとその夜突然、初めてご本人から電話がかかってきたのです。そしてこと細かに、自分の半生や考え方など、構成内容との相違を語ってくれました。

そのやりとりは、連日続きました。私がほかの作業で電話に出られないことがあると、数十分後には直筆の手紙を添付したメールが届きました（メールに手紙を添付するくらいでしたら、メールを打てばいいのでは……と言いましたが、不得手だそうです）。長文で、私の取材への返答が綴られていました。

次第に私は、この時間帯は吉永さんから電話がかかってくるかもしれないと、待ち構えるようになりました。

吉永さんはインタビューで語っています。「気になることがあると、その日のうちに解決して寝たい性格です」と。そして自分が行った旅行が2年前だったか、3年前だったかでとっても悩む。「誰も気がつきませんし、ご自身の記憶に寄り添ったかたちでいいのでは……？」と促しても、「う――ん……」と悩んで、頑なに動きません。

なるほど、吉永さんはせっかちで、ものすごく細かい人なのです。

でも、こちらが食らいつけばつくほど、思いが強ければ強いほど、それを受け止めようとしてくれる。とにかくどんなことでも一途に、一生懸命な人でもありました。

「これは違います。私はこのとき、こうは思っていません」「じゃあ、どうしてこのときこうしたんですか？」「うーん……」「じゃあ、たとえばこういう言い方はどうですかね？」「いや……そうとも違います」「どうしてですか？」

そうした議論を重ねるうちに、霞がかっていた人がいつしか、はっきりと、くっきりと、目の前に感じるようになっていました。

「国民的大女優」「最後の映画スター」……。

さまざまな言葉で形容され、評価も受けてきた吉永さんが、何者でもない33歳と真正面から議論している。決して偉ぶることなく、地に足をつけて人と向き合っている。

それが、吉永小百合さんという人なのだと思います。

吉永さんに、名前の由来をきいたことがあります。終戦の年、東京大空襲の直後に生まれた吉永さん。ろくに食べ物もなかった時代、体も決して強くなかった彼女に、ご両親は、百合の花がとてもたくましいことから、そう育つように願ってつけられたそうです。

ですが吉永さんご自身の捉え方は、それだけではありませんでした。

「百の小さな出合い」を大切にする。そんな自分でありたいと思っているそうです。

ライフワークで続けておられる原爆詩の朗読会にお邪魔したときのことでした。

リハーサルを終えて、控え室に戻ろうとした彼女が、真逆の舞台裏の方向に歩き出しました。

私や秘書の人はてっきり、また控え室の場所を間違えたんだと思い、「吉永さん、控え室はこっちですよ！」と呼び止めましたが、戻ってきません。聞こえていないのかなと思ったのですが、実は、音響のマイクを仕込んだり、設定をしているスタッフひとりひとりに、頭を下げにいっていたのです。

「百の小さな出合い」を大切にする人——。

私は、本当に吉永さんのことが好きになりました。

「吉永小百合」ってどんな人なんだろう——。

せっかちな人。

優しい人。

細かい人。

真面目だけど、意外におおらか。

とってもおっちょこちょい。

そして、どんな出合いも、大切にする人。

でも、まだまだそれだけじゃない気もしています。

結局、番組で密着した10ヵ月のあいだで、彼女は「プロフェッショナル」の答えも、はっきりとは明示していません。その答えを探して、これからも歩んでいく、という言葉を残して去って行かれました。

今、吉永さんは、新たな映画に没入する日々を送っています。新型コロナウイルスに見舞われ、映画界そのものがゆらいだ2020年。そして医療のあり方というものがさまざまなかたちで問われる今、自身初となる医者の役に挑まれています。こんなメッセージが届きました。

「次の映画は、チャレンジです。コロナ禍の前の段階で、生と死の問題をきちんと取り上げようとしていました。これからの撮影でどこまで描けるか、みんなで討論しながら、クランクインを迎えます。また撮影現場にいらしてください」

小学生のころに出合い魅了された映画に、今も酔いしれるように向き合っている。そんな彼女はこれからどう歩き続けていくのでしょうか。この出合いを私も大切に、これからも吉永小百合さんの人生を見つめ続けていきたいと思っています。

最後になりましたが、異例の長期密着取材という並々ならぬご迷惑とご負担を受け入れてくださり、数々のご無礼に対しても温かいご理解を示してくださった、吉永小百合様。

吉永さんに出合えて、私の人生はとても豊かなものになりました。本当にありがとうございました。

また、事務所の方々の温かな励ましのおかげで最後まで完走することができました。そして、撮影現場に私たちを快く迎え入れてくださったワーナーブラザーズ映画のみなさま、犬童一心監督ならびに犬童組、出演者のみなさまにも本当に感謝しております。

山田洋次監督、天海祐希様、前川清様、お忙しい中インタビューにお答えくださり、誠にありがとうございました。みなさまの語られる吉永さん像に、私もより一層、引き込まれました。

今回、本書の出版にあたり多大なご協力をくださいました、講談社の呉清美様、そして本文構成を担当していただいた小泉カツミ様、本当にお世話になりました。

荒川格プロデューサー、横山友彦デスク、制作スタッフにもこの場を借りてお礼の気持ちを伝えさせていただきます。

2020年　11月

NHK　ディレクター　築山卓観

吉永小百合122本出演作リスト

No.	作品名	公開年	監督
1	朝を呼ぶ口笛	1959	生駒千里
2	まぼろし探偵 地底人襲来	1960	近藤竜太郎
3	拳銃無頼帖 電光石火の男	1960	野口博志
4	霧笛が俺を呼んでいる	1960	山崎徳次郎
5	拳銃無頼帖 不敵に笑う男	1960	野口博志
6	疾風小僧	1960	西河克己
7	すべてが狂ってる	1960	鈴木清順
8	ガラスの中の少女	1960	若杉光夫
9	美しき抵抗	1960	森永健次郎
10	大出世物語	1961	阿部 豊
11	天使が俺を追い駈ける	1961	井田 探
12	花と娘と白い道	1961	森永健次郎
13	ろくでなし稼業	1961	齋藤武市
14	警察日記 ブタ箱は満員	1961	若杉光夫
15	早射ち野郎	1961	野村 孝
16	有難や節 あゝ有難や有難や	1961	西河克己
17	青い芽の素顔	1961	堀池 清
18	闇に流れる口笛	1961	牛原陽一
19	この若さある限り	1961	蔵原惟繕
20	俺は死なないぜ	1961	滝沢英輔
21	闘いつづける男	1961	西河克己
22	太陽は狂ってる	1961	舛田利雄
23	あいつと私	1961	中平 康
24	草を刈る娘	1961	西河克己
25	黒い傷あとのブルース	1961	野村 孝
26	さようならの季節	1962	滝沢英輔
27	上を向いて歩こう	1962	舛田利雄

28 キューポラのある街 1962 浦山桐郎
29 激流に生きる男 1962 野村孝
30 赤い蕾と白い花 1962 西河克己
31 霧の夜の男 1962 松尾昭典
32 星の瞳をもつ男 1962 西河克己
33 あすの花嫁 1962 野村孝
34 若い人 1962 西河克己
35 ひとりぼっちの二人だが 1962 舛田利雄
36 青い山脈 1963 西河克己
37 いつでも夢を 1963 野村孝
38 泥だらけの純情 1963 中平康
39 雨の中に消えて 1963 西河克己
40 俺の背中に陽が当る 1963 中平康
41 伊豆の踊子 1963 西河克己
42 若い東京の屋根の下 1963 齋藤武市
43 美しい暦 1963 森永健次郎
44 波浮の港 1963 齋藤武市
45 真白き富士の嶺 1963 森永健次郎
46 光る海 1963 中平康

47 こんにちわ20才 1964 森永健次郎
48 こんにちは赤ちゃん 1964 井田探
49 浅草の灯 踊子物語 1964 齋藤武市
50 潮騒 1964 森永健次郎
51 風と樹と空と 1964 松尾昭典
52 帰郷 1964 西河克己
53 愛と死をみつめて 1964 齋藤武市
54 うず潮 1964 齋藤武市
55 若草物語 1964 森永健次郎
56 悲しき別れの歌 1965 西河克己
57 未成年 続・キューポラのある街 1965 野村孝
58 青春のお通り 1965 森永健次郎
59 明日は咲こう花咲こう 1965 江崎実生
60 父と娘の歌 1965 齋藤武市
61 四つの恋の物語 1965 西河克己
62 大空に乾杯 1966 齋藤武市
63 青春のお通り 愛して泣いて突っ走れ! 1966 齋藤武市
64 風車のある街 1966 森永健次郎

65 私、違っているかしら 1966 松尾昭典
66 愛と死の記録 1966 蔵原惟繕
67 白鳥 1966 西河克己
68 青春の海 1967 西村昭五郎
69 恋のハイウェイ 1967 齋藤武市
70 君が青春のとき 1967 齋藤武市
71 斜陽のおもかげ 1967 斎藤光正
72 君は恋人 1967 齋藤武市
73 花の恋人たち 1968 齋藤武市
74 青春の風 1968 西村昭五郎
75 だれの椅子？ 1968 森永健次郎
76 あゝひめゆりの塔 1968 舛田利雄
77 花ひらく娘たち 1969 齋藤武市
78 嵐の勇者たち 1969 舛田利雄
79 幕末 1970 伊藤大輔
80 風の慕情 1970 中村登
81 青春大全集 愛とは何か 1970 水川淳三
82 戦争と人間 第二部「愛と悲しみの山河」 1971 山本薩夫

---

83 男はつらいよ 柴又慕情 1972 山田洋次
84 戦争と人間 第三部「完結篇」 1973 山本薩夫
85 男はつらいよ 寅次郎恋やつれ 1974 山田洋次
86 青春の門 1975 浦山桐郎
87 新・どぶ川学級 1976 岡本孝二
88 若い人 1977 河崎義祐
89 皇帝のいない八月 1978 山本薩夫
90 龍の子太郎 1979 浦山桐郎
91 衝動殺人・息子よ 1979 木下惠介
92 動乱 1980 森谷司郎
93 海峡 1982 森谷司郎
94 細雪 1983 市川崑
95 天国の駅 1984 出目昌伸
96 おはん 1984 市川崑
97 夢千代日記 1985 浦山桐郎
98 玄海つれづれ節 1986 出目昌伸
99 映画女優 1987 市川崑
100 つる―鶴― 1988 市川崑

101 華の乱 1988 深作欣二
102 外科室 1992 坂東玉三郎
103 天国の大罪 1992 舛田利雄
104 夢の女 1993 坂東玉三郎
105 女ざかり 1994 大林宣彦
106 霧の子午線 1996 出目昌伸
107 蓮如物語 1998 葛西治
108 時雨の記 1998 澤井信一郎
109 長崎ぶらぶら節 2000 深町幸男
110 千年の恋 ひかる源氏物語 2001 堀川とんこう
111 北の零年 2005 行定勲
112 母べえ 2008 山田洋次
113 まぼろしの邪馬台国 2008 堤幸彦
114 おとうと 2010 山田洋次
115 手塚治虫のブッダ —赤い砂漠よ！ 美しく— 2011 森下孝三
116 北のカナリアたち 2012 阪本順治
117 BUDDHA2 手塚治虫のブッダ —終わりなき旅— 2014 小村敏明

118 ふしぎな岬の物語 2014 成島出
119 母と暮せば 2015 山田洋次
120 北の桜守 2018 滝田洋二郎
121 最高の人生の見つけ方 2019 犬童一心
122 いのちの停車場（公開予定） 2021 成島出

〈参考資料〉

・『こころの日記』吉永小百合／講談社
・『吉永小百合　夢一途』吉永小百合／日本図書センター
・『夢の続き』吉永小百合／集英社文庫
・『私が愛した映画たち』吉永小百合／立花珠樹（取材・構成）／集英社新書
・『映画女優　吉永小百合』大下英治／朝日新聞出版

〈番組制作スタッフ〉

NHK『プロフェッショナル 仕事の流儀〜吉永小百合スペシャル〜』

出演	吉永小百合
語り	橋本さとし
	貫地谷しほり
主題歌	「Progress」Kokua
作詞・作曲	スガシカオ
編曲	武部聡志　小倉博和
資料提供	日活　東宝　東映　松竹
	読売新聞社　マガジンハウス
	スポニチクリエイツ
撮影	板倉達也
音声	齋藤喜代美
	緒形慎一郎
映像技術	徳久大郎
映像デザイン	市川元信
音響効果	立澤 聡
編集	小林幸二
ディレクター	築山卓観
プロデューサー	横山友彦
制作統括	荒川 格

築山卓観
（つきやま・たくみ）

大型企画開発センター ディレクター。佐賀県出身。
2008年NHK入局後、奈良放送局勤務を経て、東京・経済社会情報番組部
（現・第2制作ユニット）プロフェッショナル 仕事の流儀班に所属。
「羽田空港の清掃員・新津春子」「伝説の家政婦・タサン志麻」
「映画俳優・吉永小百合スペシャル」などを制作。
現在、NHKスペシャルや、
戦後75年特集「戦争童画集〜75年目のショートストーリー〜」などを制作。

小泉カツミ
（こいずみ・かつみ）

ノンフィクションライター。
「週刊女性」の「人間ドキュメント」でノンフィクション著述のかたわら、
社会問題、先端医療、芸能などのフィールドで取材・執筆。
特に昭和の音楽・芸能に詳しく、芸能人・著名人のインタビューも多数。
著書に『産めない母と産みの母〜代理母出産という選択』（竹内書店新社）、
『ソウルの達人』（黒田福美と共著、講談社）、
近著に『崑ちゃん』（大村崑と共著、文藝春秋）などがある。

吉永小百合
（よしなが・さゆり）

1959年『朝を呼ぶ口笛』にて銀幕デビュー。
以降、『キューポラのある街』『泥だらけの純情』
『愛と死をみつめて』『男はつらいよ 柴又慕情』『動乱』『細雪』
『北の零年』『母と暮せば』『最高の人生の見つけ方』ほか、
今日まで多数の作品に出演。
2021年には『いのちの停車場』が公開予定。
原爆や戦争をテーマにした映画への出演をきっかけに、
ボランティアで原爆詩や反戦詩の朗読の活動を始め、30年以上になる。
2020年、体験者の手記をもとにNHKのテレビ番組、
戦後75年特集「戦争童画集～75年目のショートストーリー～」を発案・出演した。

吉永《よしなが》小百合《さゆり》 私《わたし》の生《い》き方《かた》

2020年11月26日　第1刷発行

著者　NHK「プロフェッショナル 仕事《しごと》の流儀《りゅうぎ》」制作班《せいさくはん》 築山卓観《つきやまたくみ》

発行者　渡瀬昌彦

発行所　株式会社 講談社
東京都文京区音羽2-12-21 郵便番号112-8001
電話 編集 03-5395-3522
販売 03-5395-4415
業務 03-5395-3615

印刷所　株式会社新藤慶昌堂

製本所　大口製本印刷株式会社

定価はカバーに表示してあります。
落丁本・乱丁本は、購入書店名を明記のうえ、小社業務あてにお送りください。送料小社負担にてお取り替えいたします。なお、この本についてのお問い合わせは、第一事業局企画部にお願いいたします。

ISBN 978-4-06-520112-1